ナイスショットはリズムが9割！

よくわかる
マンガレッスン付き

北見けんいち
金谷多一郎 先生

幻冬舎

01 スイングの基本

02

ショットのコツ

03

アプローチ上手になるには

04 バンカー&パットの悩み解消

装幀 石川直美（カメガイ デザイン オフィス）
イラスト 内山洋見
カバー写真 Paul Orr/Shutterstock.com
本文デザイン・DTP 美創

一流プレーヤーのスイングをよく見てみても、
ひとりも完全とは言えません。

すなわち、基本とは何なのか?

一流プレーヤーが、個性的で非オーソドックスな
癖を持っていながら完璧なショットができるのは、
彼らのメソッドの中に、いわゆる公分母（全員に共通するメソッド）
があるからに違いありません。

この公分母こそが「基本」と呼ばれるべきもので、
その基本に、それぞれの体形や身体能力を加味して
スイングを作り上げていくことこそが、
ゴルフの上達へとつながっていくはずです。

自信のある我流は、自信なき正統に勝るということになるわけです。

01
スイングの基本

LESSON

01 テークバックは八分目のつもりで振り上げるとちょうど良い

オーバーに見えるプロのスイングだが

十数年前から始めたゴルフ。最近になってハマりにハマって、約1年前ようやく100の壁を突破した。もちろん、まだまだうまくなりたい！　というわけで、とりあえず〝夢の80台〟を大目標に、100切りでもお世話になったわが師匠・金谷多一郎プロに教えを請いながら、奮闘の日々。

いたって未熟で疑問だらけなボクが、最近気になっているのが〝オーバースイング〟。金谷プロはもちろん、テレビで見るプロのスイングは大きい。アマチュアがよく悪いと叱られる、大きすぎて首にひと巻きしそうなトップを作るプロもいるが、それでいいのか金谷プロに聞いてみた。

すると、プロは決してそんな大

雑誌の分解写真を見てまねしてはいけない

きなテークバックを意識してやっていないとのこと。もちろん、クラブがギューンと首をひと巻きするようなフィニッシュも意識していない。結論から言うと、テークバックもフィニッシュも強烈な遠心力のなせる業。プロのスイングは非常に速いので、そこから生まれる遠心力も強く、それにつられてクラブが巻きつくようになるのだそうだ。

　では、ボクのようなヘボが意識してとるテークバックの大きさは、どれくらいが良いのか?

　ズバリ、ボールを投げるときにいちばん楽に投げられる肩、腕の高さ。そのへんを意識してテークバックをすると、アマチュアでも遠心力で少し行きすぎたあたりまで行くそうだ。その一瞬の間に下半身始動でダウンスイングすると、行きすぎるヘッドと下半身の始動との差ができて、ビシーッとナイスショットになるのだそうだ。

LESSON 01

金谷プロの
ワンポイントアドバイス

1回のスイング時間は2秒前後しかない

鏡を見ながらだと自分の目線がずれるので正しくチェックできないし、そもそもなぞるような遅いスイングで形をチェックしても意味がない

雑誌などを見てスイングをまねても、それぞれ身体のポテンシャルが違うので、自分には合わないスイングになってしまう

スイングはひとつの流れで感じる。スイングを輪切りにしたような連続写真の1コマだけをまねようとしてはいけない

フォーム（形）のチェックに余念がないゴルファーをよく見かけます。

特に「トップ」については、腕の位置、クラブの角度、フェースの向きなどを細かく確認する人が多くいますが、実はこれが百害あって一利なし！

なぜなら、スイングのフォームは〝動きの結果〟としてできるものであり、頭で考えながら形をつなぎ合わせても動きにはならないからです。

プロもスイングを部分的にチェックする場合がありますが、これはスローモーションでなぞるように理屈で考えて位置や形

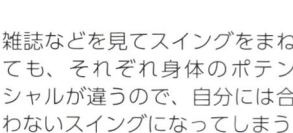

真の姿を確認するには、必ず実打のスイングを録画してチェックすること。加えて、素振りと実打の両方を録画してみて、その動きが重なれば重なるほど、ハイレベルの証である

ゆったりと軽くスイングしているように見えるプロでも、実際は想像以上に速い。テレビやビデオに映るプロと一緒にスイングしてみると、形にとらわれず、シャープで歯切れの良いスイングのタイミングが体感できる。スイングは想像以上上に短時間で過激なものである

を気にしているのではなく、リアルスピードで振ることでクラブの慣性やバランスを感じながら〝動きの過程〟を確認しているだけなのです。

ですから、プロの連続写真などで見られる静止した部分的なスイングの形だけをまねようとしても意味がありません。

その理由は、動きにはスピードという時間軸が伴っているから。

実際にビデオなどで確認すると、クラブはスピードによって動こうとする力が変化するので、その影響により自分の意図とは違うスイングの動きになっているのがわかるはずです。

正しいスイング作りは、形ではなくタイムリーな動きを考えることから始めましょう。

LESSON

02 グリップを握る強さは、人それぞれ。いろいろ試してベストを探そう

ゆるく握ると言うけれど……

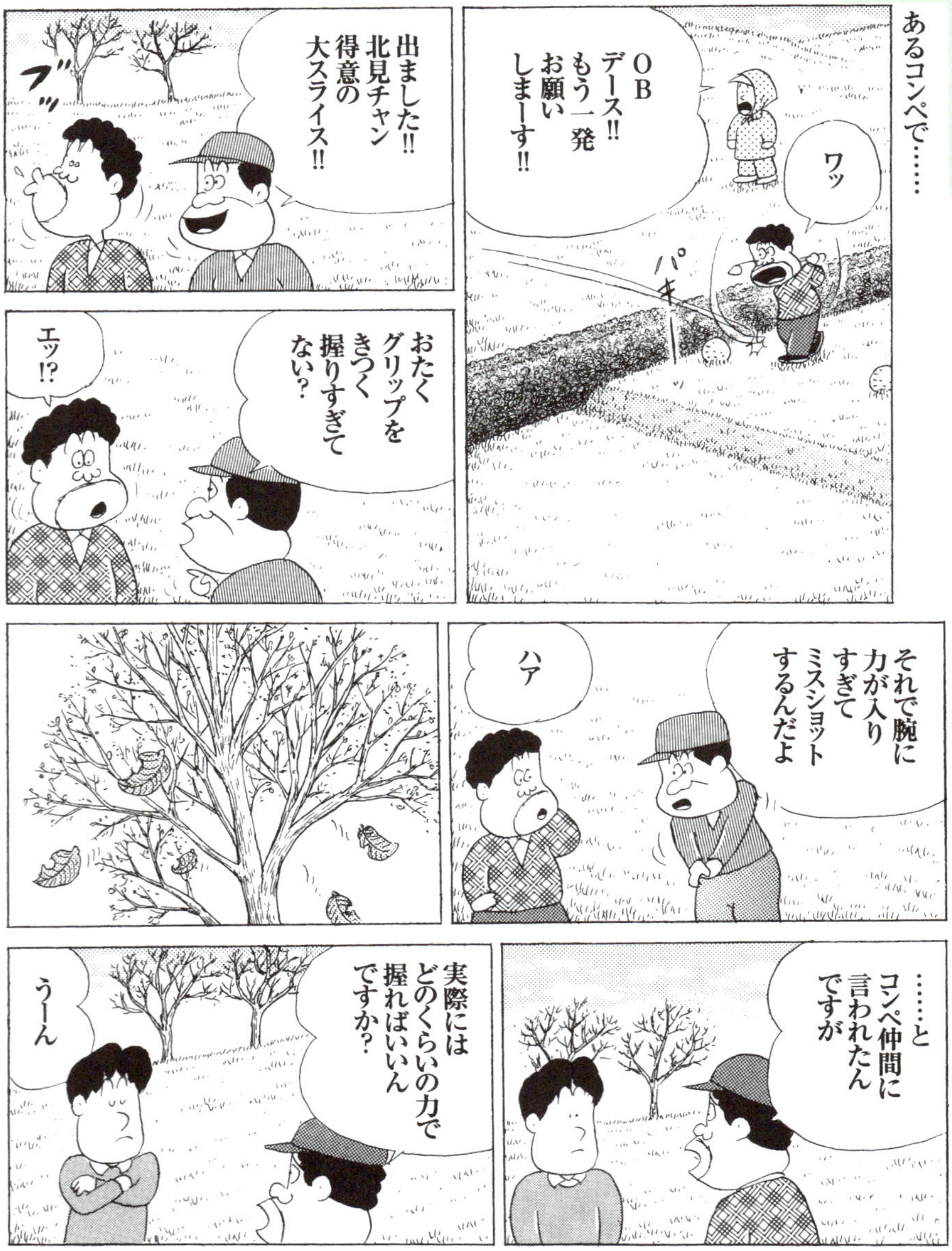

ボクのゴルフの先輩たちが、「ヘッドの重みを感じろ」とか「やわらかく握って腕から力を抜け」と言うので、ボクはグリップはなるべくならゆるく握るのがいいと思っていた。「小鳥をやさしく包み込む程度の力加減で」と聞いたこともある。ソフトに、そっと、デリケートに……。

でも、金谷プロのレッスンは、ゆるくグリップしろとは教えない。むしろ、アプローチのときなんかはクラブがよけいな動きをしないように、グリップは強めに握る感じがある。意識して強めにグリップしないと、方向性が悪くなるようにも思う。

いったい、どのくらいの力加減がいいのだろうか? 金谷プロに

プロにボクの指を握ってもらったら、かなりのきつさ

聞いたら、本人はかなりゆるく握っていると言う。試しにプロにいつものグリップの力加減でボクの指を握ってもらったら、かなりゆるいというその力は、ボクが指を引き抜こうとしても抜けないほど強かった。

握力の強いプロにとってのやわらかく握る、というのは、ボクらとはまったく別の次元だったようだ。ボクらがやわらかく握ると、振ったときスッポ抜けるかもしれない。さりとて、握りすぎは禁物。要するにグリップ力とは、他人にこれくらいと言ってもらうものではなく、自分の経験でいちばんいい加減を決めるものだと思う。

リキまずに、しかもクラブが暴れない強さのグリップ。きっと、スイングがもっと良くなってくれば、自然にちょうどいい強さになり、それが自分にとって自然なグリップになるのだろう。

LESSON 02

金谷プロの
ワンポイント
アドバイス

自分にとってのスクエアグリップを探す

ラケットを持ったり、右手1本で打ったりできる自然な右手のグリップを確認しておく

そのままの右手のひらの感覚でクラブを握り、右手グリップを決める

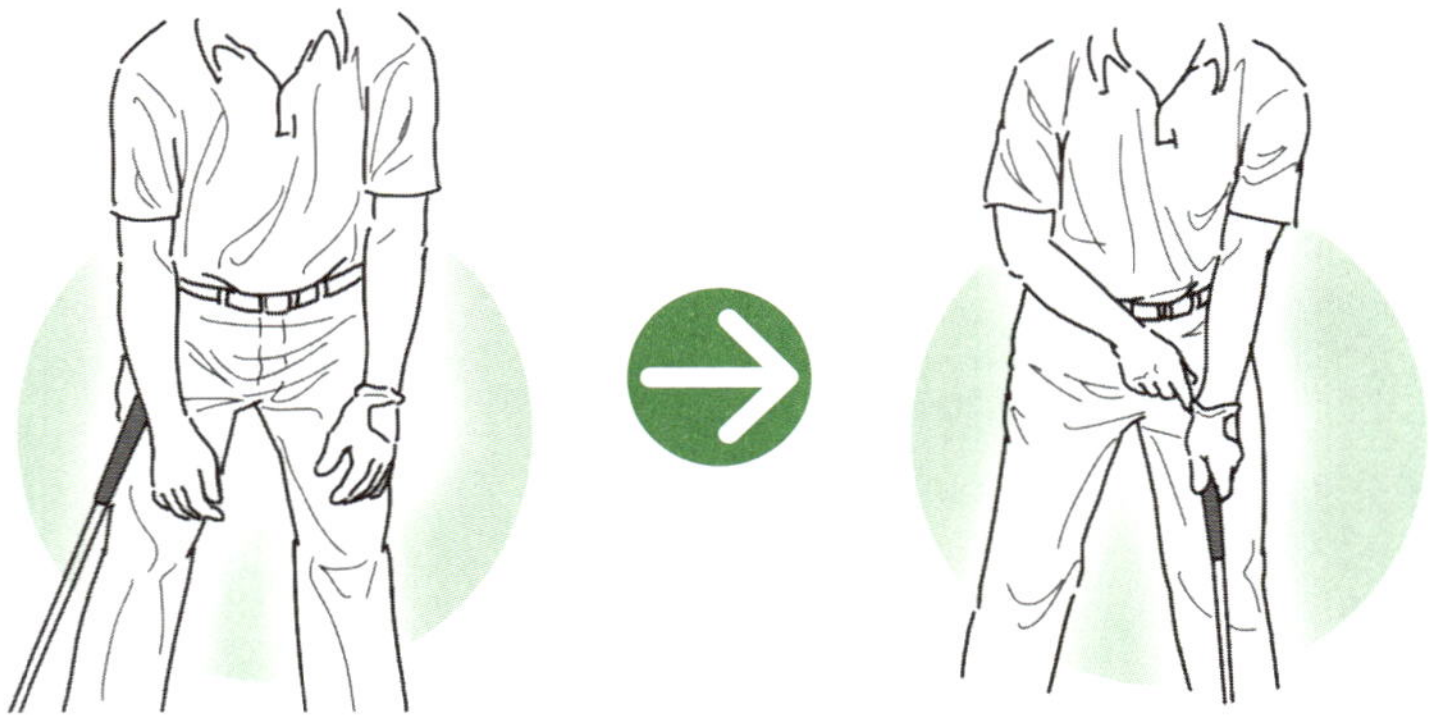

左腕をダラリと下げたときの左手の甲の角度は、人それぞれに決まっている

自然にぶら下がっている左手の位置と左手の甲のまま、クラブをつかんで左手のグリップを決める

グリップは身体とクラブをジョイントする唯一の部分。グリップ如何でショットが決まってしまうと言ってもいいほどです。

グリップの握り方は個人の骨格、手の大きさや形などが影響するので、すべてに共通する画一的な握り方があるわけではありません。

だからこそ、個々に応じたスクェアな握り方を見つけることが大切なのですが、その中ですべてに共通した基本とは？

まず、右手のひらはテニスやバドミントンのラケットと同じように、フェース面とリンクし

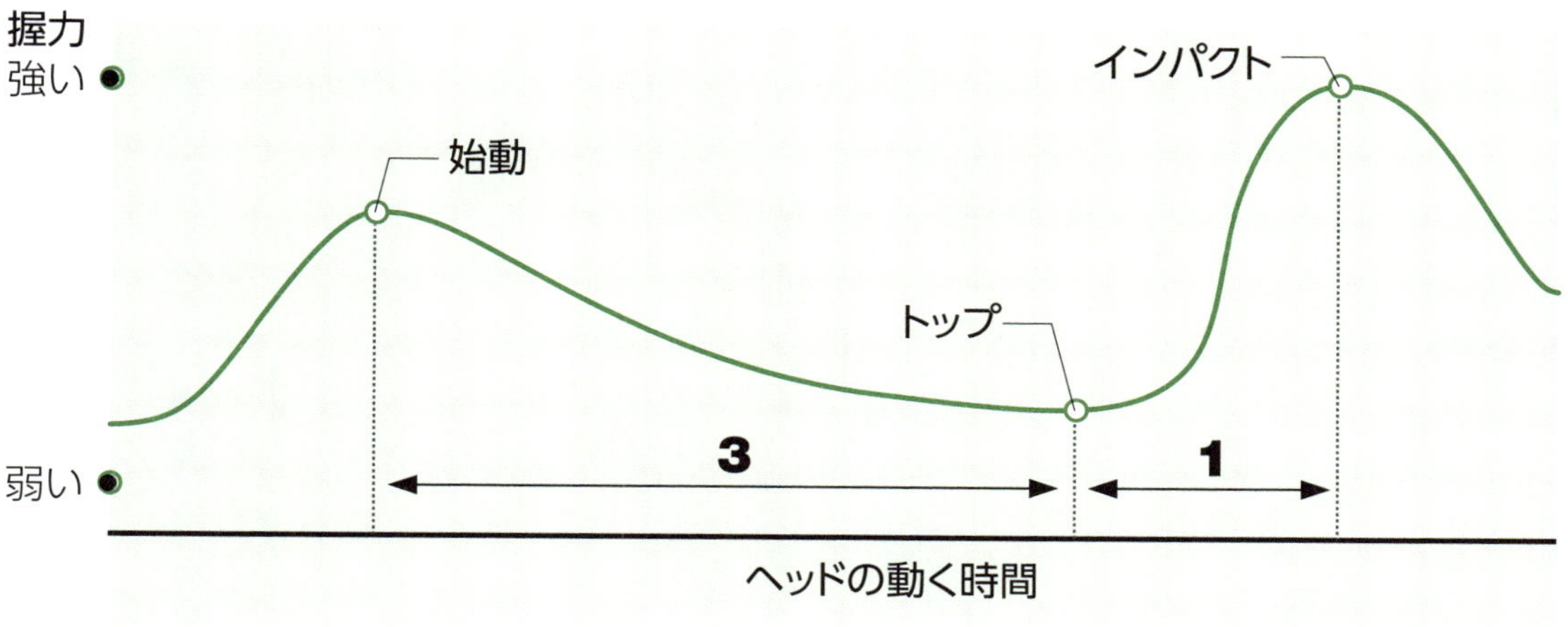

スイング中の握力変化をグラフにしたもの。これを見ながらスイングにおける正しいヘッドスピードの変化をあらためて確認しよう

アプローチなど、動きが小さいスイングの遅いヘッドスピードに比例して、インパクトでも手のひらや腕はリラックスしている

ヘッドスピードが最速になるフルスイングのインパクトでは握力も最大になるので、筋肉が浮き上がるぐらい腕にも力が入る

た感覚を大切にして握ること。

そして、左手は腕をダラリと下げたときの自然な手の甲の角度で握ること（この角度には個人差があるので要注意）。

さらに、スイング中のグリップの握力はヘッドスピードに比例して自然に変化しているということです。

よく、グリップは小鳥をやさしく包み込むようにとか、手のひらが白くなるぐらいしっかり握れとか、様々なレッスンがあります。

真実に基づけば、フルスイングのインパクトでは目一杯の握力で握り、近いアプローチやパッティング時の握力は相当にやわらかくなっていくということです。

LESSON 03 クラブが短くなるに従って、手は身体の近くに構える

ドライバーはナイスショットなのに

ミスショットの直後、「今のは腰が早く開いた！」「ヘッドアップした！」などと、スイングのうまくいかなかった部分を後悔するのがゴルファーの常。

でも、ホントはどこが悪くてミスに至ったのかは、実はよくわかっていないことが多い。今回金谷プロに言われたことは、盲点をつかれたようなアドバイスだった。

それは、アドレス。スイング以前の問題として、アドレスが悪くてミスすることが、アマチュアでは非常に多いと教えてくれた。

特に多いのが、身体の向きとボールの位置の間違いだそうだ。真っ直ぐ向いているつもりが右や左に方向が狂っていることが多く、これは自分ではわからないから、

ドライバーの感覚のまま第2打を打つと失敗する

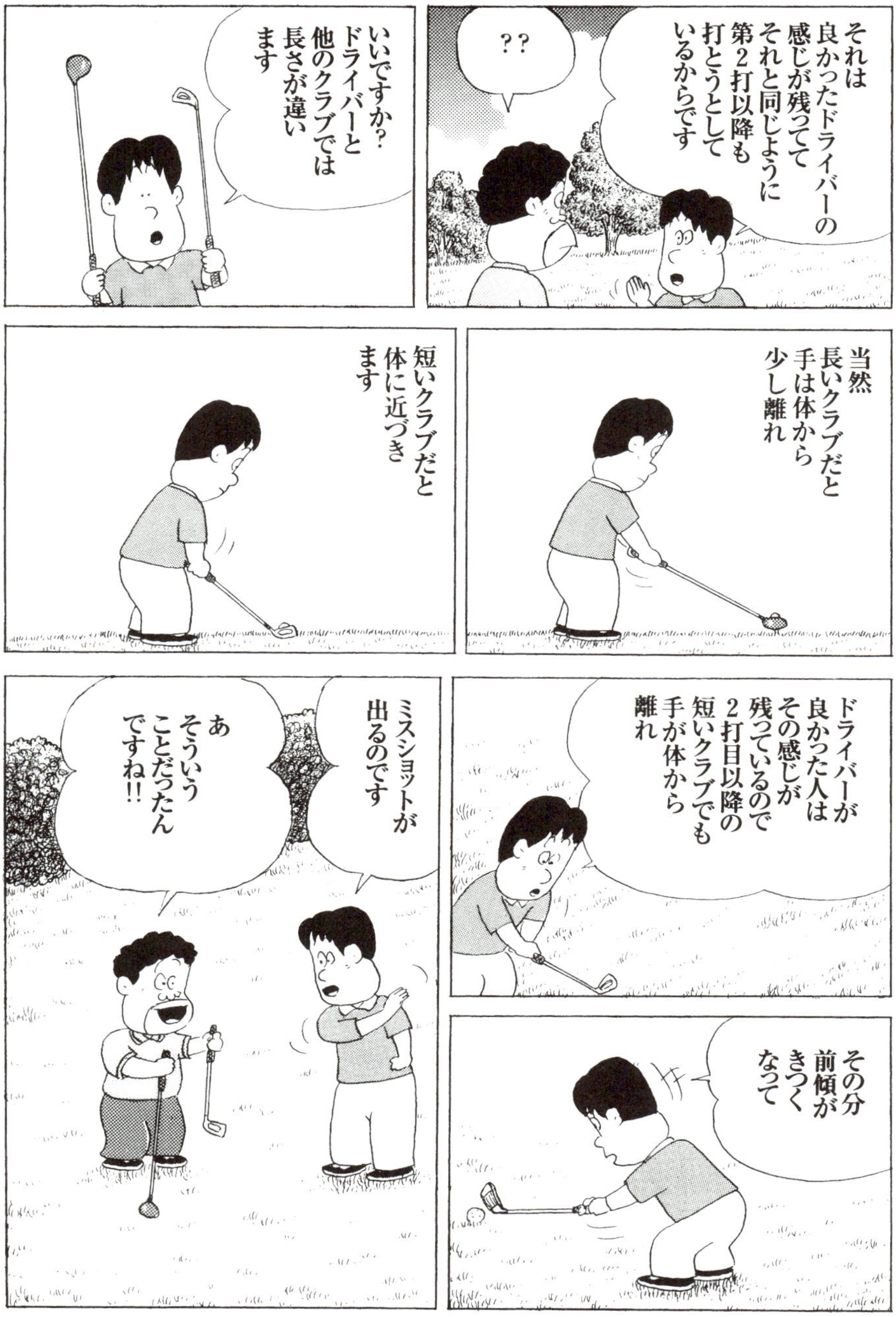

同伴者にチェックしてもらうしかない。

　プロでもスランプになったときは、スイングよりもアドレスが狂っていることが多く（正確には、アドレスの狂いを無意識のうちにスイングでなんとか修正しようとするので、スイングが悪くなるんだそうだ）、そんなときは自分のスイングをよく知っている仲間にチェックしてもらうらしい。

　ボールの位置については、構えたときになんとなく違和感がある場合（なぜなら、ボールの位置がいつも通りではないから）は、必ずもう一度最初から構え直すように言われた。それと、練習場で1打1打クラブをかえ、それぞれの番手に応じた正しいアドレスがいつでもできるように、癖をつけることも大切とのこと。特に、番手がかわってもグリップの位置を変えないことが、ミスを防ぐ秘訣だそうだ。

LESSON 03

金谷プロの
ワンポイントアドバイス

腕とシャフトの角度が一定だから間合いが決まる

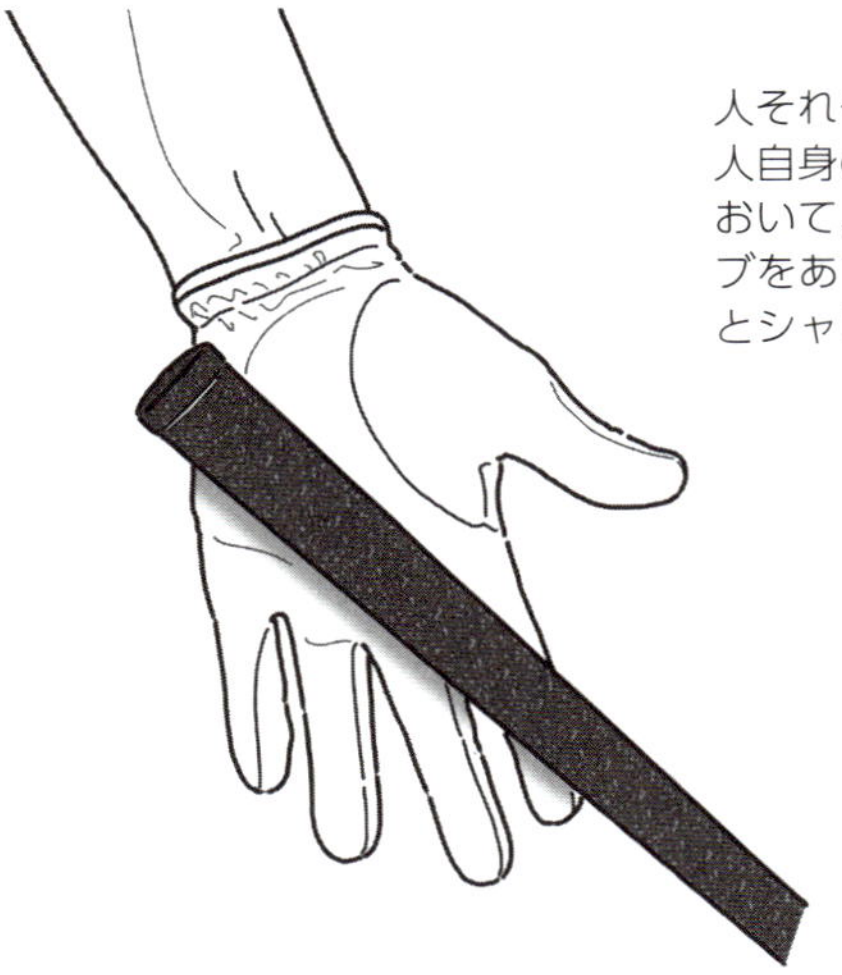

人それぞれのグリップが存在するが、その人自身のグリップでは、すべてのクラブにおいて、手のひらに対して同じ角度でクラブをあてて握っているはず。だから、前腕とシャフトの角度はすべて一定となる

どのクラブでも、グリップした後、前傾姿勢を起こしながら地面と水平にクラブを持ち上げて、クラブヘッドの重みを感じながら腕とシャフトの角度を確認する。その角度をキープしたまま骨盤を傾けていって、クラブヘッドが自然に地面についたところが正しい間合いになる

セットアップしたときの身体とボールの間隔に注意することはショットの成否を決める大切な要素です。

練習場では同じクラブで連打しているからできていても、いざコースに出ると1打ごとに持つクラブが違うのでこの間隔は狂いやすく、前傾角や身体とグリップエンドの距離、スタンスの幅など、同じ構えがなかなかできません。

セットアップを決めるのはズバリ、前腕とシャフトが作る角度とクラブの長さです。

まず基準になるのが前腕とシャフトの角度。その人なりのグ

正面から見たときのグリップの位置は変わらないが、短いクラブほど、ボールの位置は中側に移行していく

前腕とシャフトの角度を一定にして構えれば、クラブの長さによって身体とグリップエンドの間合いが決まってくる

前腕とシャフトの角度を一定にしていれば、どんな傾斜地でも、それに合わせた正しい前傾角と身体とグリップの間合いを作れる

リップで構えるとだいたい120〜150度ぐらい（この幅は個人差）になります。

この角度はドライバーからウェッジまで変わらず、これを一定にしながら骨盤を傾けて前傾角を作っていくと、クラブの長さによって、ドライバーはシャフトが長いので前傾角は浅く、グリップエンドは身体から離れます。

一方ウェッジになると前傾角は深く、グリップエンドは身体に近くなります。

この「前腕とシャフトの角度が一定」という基本を使えば、同じクラブでも、つま先上がりやつま先下がりの傾斜で、前傾角や身体とグリップエンドの距離が傾斜の度合いに応じて変化するのが明確にわかるはずです。

LESSON

04 すべてのクラブを同じリズムで打つ

● クラブの長短から勘違いが……

わが師、金谷プロが解説で出演している女子プロのゴルフ中継番組を見た。その中で金谷プロが「世界の一流選手たちのスイングは、ドライバー、アイアン、パターまで同じリズムで打っている」と言うのだ。

アレッ!? ドライバーはシャフトが長いから遅く、アイアンは短いから速いのでは、と一瞬ボクは思ったが、その直後、ショッキングな映像を見せられた。金谷プロが局の人に頼んで、一流の女子プロゴルファーのスイングを編集してもらい、ドライバー、ミドルアイアン、ショートアイアンで同一画面を3分割し、テークバックからフィニッシュまでをヨーイ・ドンで映したのだ。

ショートアイアンもドライバーと同じようにゆったりと

するとアーラ不思議。長さの違うクラブたちなのにテークバックからフィニッシュまでピッタリ同じ！　これには目が点になってしまった。

つまり、ドライバーのリズムとテンポがある。イーチ、ニ〜と身体を動かして、テークバックからフィニッシュまで。他のアイアンでも、それと同じリズムとテンポで身体をイーチ、ニ〜と使うのだ。

テークバックからフィニッシュまでの時間をドライバーと同じにするためには、アイアンを手先でチャッチャッと速く振ってはならない。ドライバーと同じリズムとテンポで、身体を動かすそうだ。

イーチ、ニ〜。リズムは同じだがテンポは各自特有のものだそうで、それぞれのゴルファーの、イーチ、ニ〜のテンポがあって、そのテンポですべてのクラブを振る。これが大切なこと。

LESSON 04

金谷プロの
ワンポイント
アドバイス

スイングのリズムは同じ、テンポは人それぞれ違う

二足歩行をする人間の、自然な2拍子のリズムに合わせたスイングをイメージすると、まさにフットワークのリズムが歩行をするときと一致する。クラブヘッドの動くリズムは同調しないということに注意

過激なほどの速さで振る男子ツアー選手。しなやかでやさしく滑らかに振る女子ツアー選手。

ヘッドスピードだけでなく、スイングの時間を比べてみても、速さに圧倒的な違いがみられますが、それぞれに優れたスイングレベルを持っているのはどういうことなのか。

これはフットワークのリズムが一致しているということ。二足歩行をする人間の原点である2拍子のリズムで、スイングも同じように、テークバックで右足を踏み込んで「イーチ」で振り上げ、切り返しからダウンス

ドライバーでも！

アイアンでも！

「イチ」
「ニッ」
「サン」
「シッ」の4拍子

アプローチでも！

イングで左足を踏み込んで「ニ～」と振り下ろしているのです。

加えて同じ意味で表現を変えてみると、クラブヘッドの動く時間は、バックスイングの3に対して、インパクトまでのダウンスイングが1という割合ですべてに共通しています。リズムで考えると「イチ、ニッ、サン」でテークバックして「シッ」でインパクトを迎えるという4拍子のリズムが決まっているということ。

そして、体力や体形、使うクラブの違いによって、それぞれにテンポの速さが違うということを意味しているのです。

大切なのは共通のリズムの中で、人それぞれに決まったテンポの速さが全番手で一致するということで、その一致する完成度がスイングのレベルの高さを表しているのです。

LESSON 05 ボールを見つめることにこだわりすぎない

打つとき、ボールを見つめすぎていた

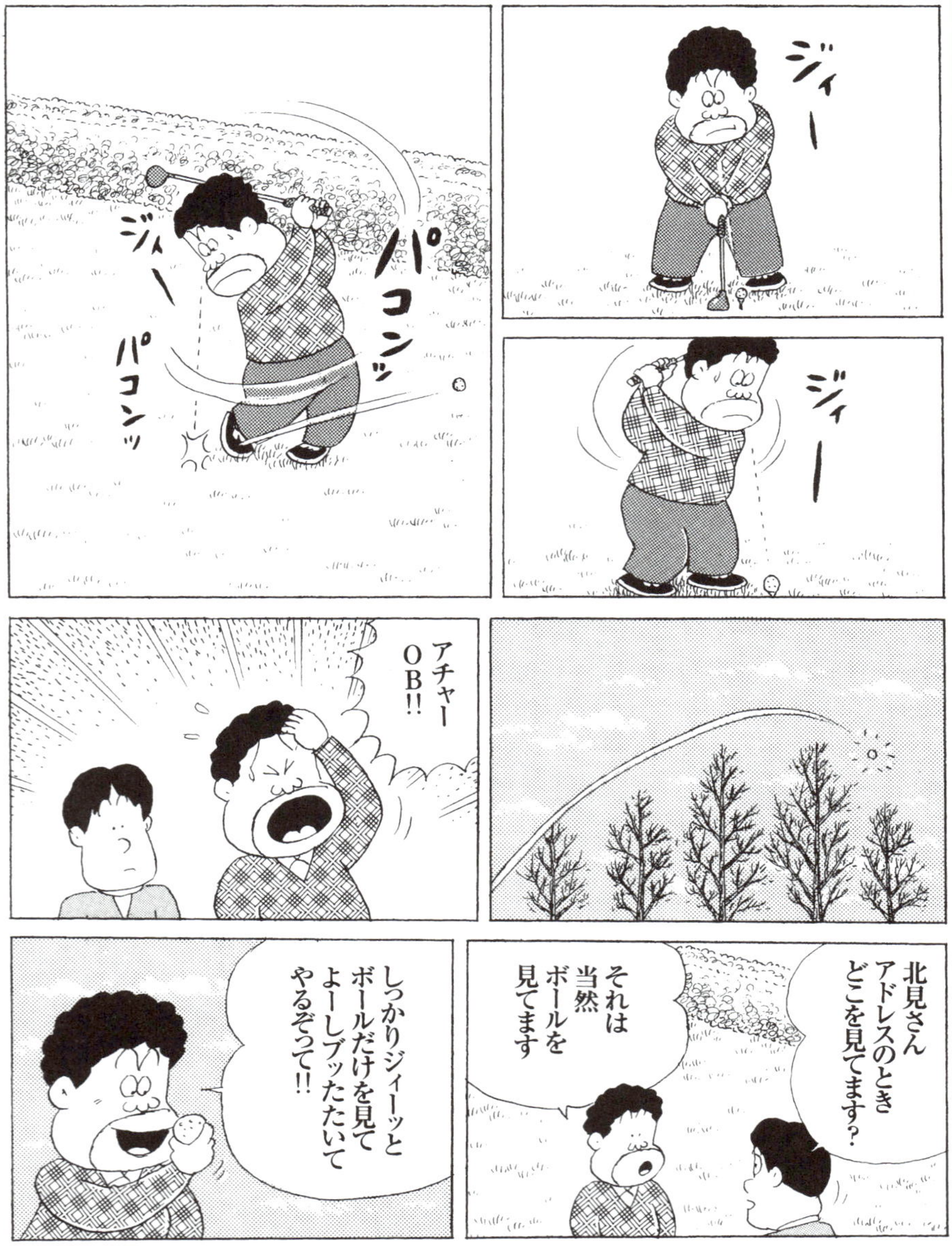

目からウロコが落ちるようなことが、今回のレッスンで起きた。たぶん100の壁に突き当たっているご同輩は、共通に思い当たることだと思う。打つときに、ボールだけをジィーッと見て、それを打つ。そして、よく言われる〝頭を残せ〟という言葉を信じて、打った後もボールのあったところを見つめている。

以前、金谷プロに、フィニッシュではヘソが目標方向に向くようにと言われた。そうすることできれいに軸回転するというわけだが、それがどうしてもできなかった。身体が硬いからとあきらめていたが、ボクはボールを見つめることにこだわりすぎていたのだ。

打った後もボールのあったと

足元全体の風景を見ながらショットする

ころを見つめていたら、腹を目標方向に向けると言ったって、首が元の位置から動こうとしていないのだから、身体の構造上とても無理だったのだ。

プロはアドレス時、視界に入る足元全体、ボール、靴（足の位置）、目標とボールを結んだ線上にある目じるし（スパット）をリラックスしてながめ、クラブをスパット目がけて振り抜くのだそうだ。そのとき一瞬、クラブヘッドがボールに当たり、どの方向へ飛んだのか見えるという。

要するに、この段階まで頭を残すということなのだそうだ。そしてすぐ顔は飛球方向に向ける。そうすれば自然と腹は目標方向に向きやすくなるわけだ。バックスイングのとき、ボールから目を離して打つ練習もするといいと言われた。たしかにボールを見つめることに必死だったから、バックスイングも小さかったかもしれない。

LESSON 05

金谷プロの
ワンポイントアドバイス

ボールを凝視し続けると動きはぎこちなくなる

○

正しいスイング軸での回転は、尾骨に立てかけたシャフトが傾かないようにスイングすることで体得できる

壁に額をつけたり、頭を押さえられたりして、ヘッドアップせず頭を動かさないようにしたスイングは、尾骨に立てかけたシャフトが傾いたリバースピボット（ギッタンバッコン）になってしまう

×

ゴルファーなら誰でも「もっとボールをよく見ろ」と言われたことがあると思います。

しかし、ボールを見すぎてしまうと正しい動きが妨げられて、かえって当たらなくなってしまいます。

「ボールをよく見ろ」はヘッドアップをして身体が起き上がってしまうのを防ぐためのアドバイスです。

しかし、これを「ヘッドアップをするな」と注意されたと勘違いをして、ボールから目を離さないように、ボールを凝視してスイングしてしまうケースがほとんどです。

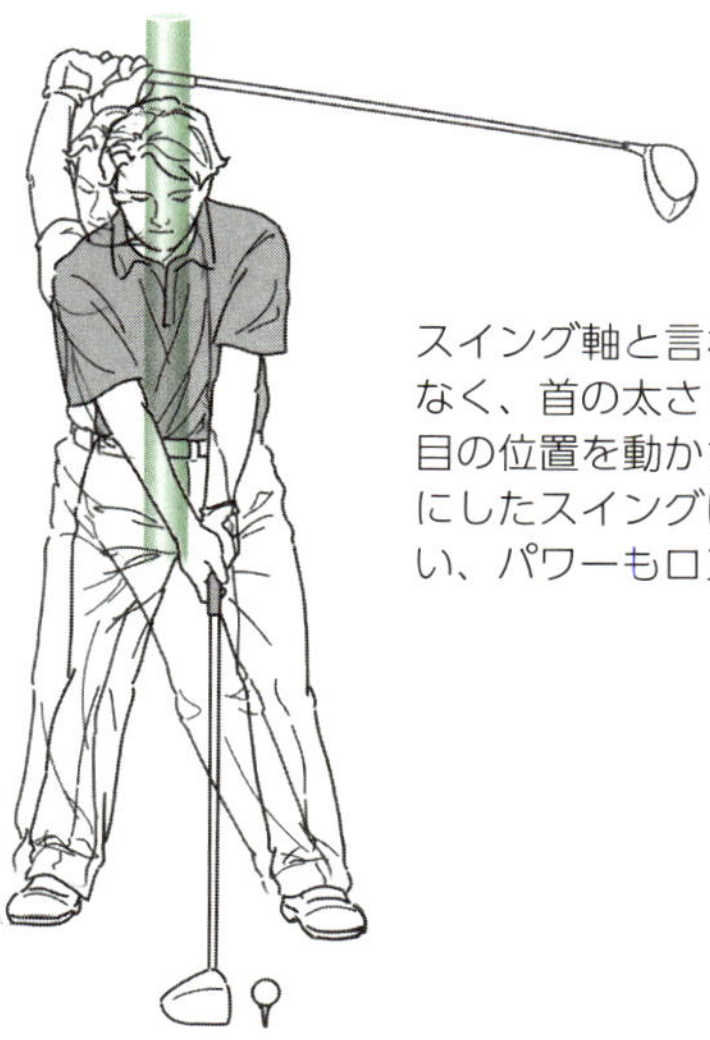

スイング軸と言われる背骨の軸は、細い線ではなく、首の太さぐらいの円柱の軸を意識する。目の位置を動かさず、ヘッドアップしないようにしたスイングは、かえってタイミングを損ない、パワーもロスしてしまう

バケツに入った水を放り投げるときのリズムに合わせてテンポ良く、むしろ身体を大きくゆさぶるように躍動的にスイングしてみよう！

そうなると頭が固定されたギッタンバッコンのスイングになりやすく、動きも小さくなってしまいます。

ヘッドアップをせずに頭を残すことの本当の意味は、身体の前傾を保ったままスイングの軸を変えないで振り抜くということなので、動かさないようにすべきは背骨の軸なのです。

この軸をキープするためには、頭はテークバックでは右に、フォローでは左に動くのが正解。

そして、スイング軸さえしっかりしていれば、ボールから目が離れても支障はありません。

むしろ、テークバックやダウンスイングのときに意識的にボールから目線を外すことで、動きのタイミングを取っている選手も少なくありません。

LESSON 06 右腕もギリギリまで真っ直ぐ伸ばしてテークバック

とうとう、スイング開眼!?

ボクのテークバックは間違っていた。金谷プロにズーッと言われ続けていた横振り。それにだいぶ慣れてきた今、先日のレッスンでテークバックを直された。自分ではそれでいいと思ってたのだが……。横振りにしたくて、テークバックのとき右腕をすぐたたんでトップの形を作っていたのである。そうしながら腰を回せば身体はうまくねじれると思っていた。

しかしこれだとクラブフェースが開いてテークバックしてしまい、スライスになるそうだ。

今回、金谷プロが教えてくれた方法では、左腕はもちろん伸ばしたままだが、右腕も伸ばしてテークバックに入る。金谷プロはそうは言わなかったが、以前、誰かに

右腕のたたみを辛抱することで、上半身のねじれが生まれる

聞いたことのある、肩と両腕の三角形を崩さずテークバックする……ってやつである。

注意することは、右手が左手より上にあること。ボクは、右腕を伸ばしてなおかつ右手が左手より上を意識してテークバックすると、左肩は下がり気味になる。でもこれはダメ。肩は水平に回らなければ。そして、クラブヘッドは目標線の何十センチか後ろのほうに直線を引くような感じになる。そのまま振り下ろせば、一直線で目標に振り抜けるという感じだ。

実際に打つ場合は、クラブヘッドの重さと遠心力で右腕は自然にたたまれて、トップの形ができるのだ。このテークバックの方法は結構筋肉に抵抗感があり、グイと引いた弓からヒューッと矢を放つような感じがよくわかった。

ということは、今までいかに腕だけでスイングをしていたかということである。

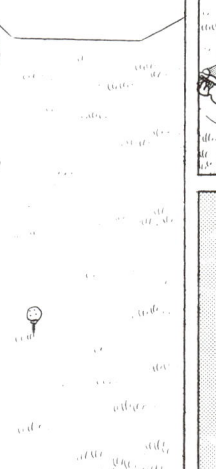

LESSON 06

金谷プロの
ワンポイント
アドバイス

バックスイングは「ヨーイ・ドン」の最初が肝心

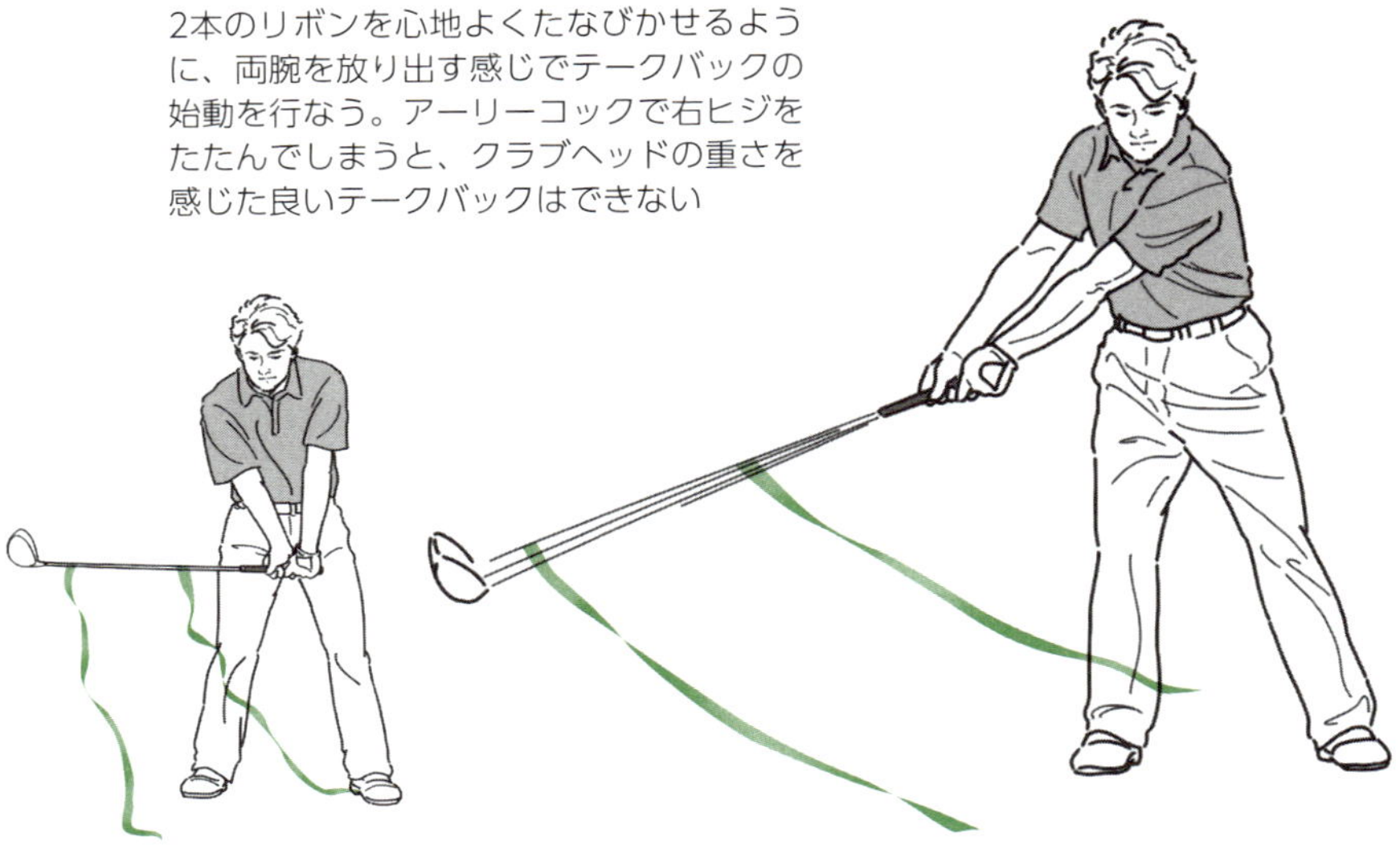

2本のリボンを心地よくたなびかせるように、両腕を放り出す感じでテークバックの始動を行なう。アーリーコックで右ヒジをたたんでしまうと、クラブヘッドの重さを感じた良いテークバックはできない

右手1本でペットボトルを真後ろに跳ね飛ばしながらテークバックを行なうと、自然な右腕の使い方が体得できる

同じイメージで実際のスイングをすると、ヘッドやシャフトを感じた躍動的なテークバックの始動ができる

「始め良ければ終わり良し」という言葉はゴルフにも当てはまります。

つまりスイングの良し悪しはバックスイングの始動如何でほぼ決まってしまうというわけなのです。

手打ちの人は例外なく手先でクラブを動かし始め、その結果、身体が十分に捻転《ねんてん》されないうちに、また手先からダウンスイングが始まってしまいます。

一方、下半身主導で身体全体を使った始動が身についている人はダウンスイングでも下半身リードがうまく行なえます。

この正しい動きを体得するた

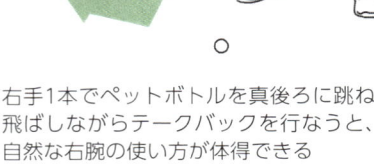

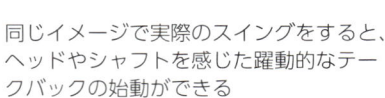

テークバックの始動時に、シャフトが逆しなりするように思い切って振り上げることで、クラブに慣性と遠心力が生まれ、シャフトもしっかり仕事をしてくれる。その反動を使って、切り返しから鋭いダウンスイングを行なうことで、インパクトでクラブヘッドの最大エネルギーをボールに伝えることができる

大きいペットボトルだと、それを押し動かす勢いで、自然にフルスイングのトップになる。小さいペットボトルだと、自然にコントロールされたスイングになる。押し出すペットボトルの大きさでコントロールショットの加減をつかむイメージだ

めには、アドレスでヘッドの後方にペットボトルやボールのカゴなど負荷のかかる障害物を置いて、それを飛球線後方に押し動かしながらテークバックを始める練習をすると効果的です。

これを右手1本で行なってみると、右脇を締めて腕のたたみを早めた小手先だけの使い方では力がうまく入らず、障害物はスムーズに動かせません。

身体全体を使いながら、野球の遠投をするときに腕の付け根やヒジを大きく動かして、腕をよく振るテークバックとよく似た動きになるのが正解です。

そして、バックスイングのヘッドスピードは動き始めがいちばん速く、トップに近づくに従ってだんだんと遅くなっていくという真実も知っておきましょう。

ゴルフというのは、本当に不思議なスポーツです。

初心者のまぐれもあれば、
上級者のケアレスミスも少なくありません。

その中で、正しくゴルフを覚えるには、
クラブを振ってボールを打つという同じ動きでも、
基本に忠実に動きを反復して身体に覚え込ませる
「スイング練習」と、思ったところにボールを運ぶ実戦のための
「ショット練習」に分けて考えることがポイント。

その実戦のためのショットを打つときには、
もはやスイングの基本など
意識からなくなっていなければなりません。

状況に応じたイメージ通りのショットを打つためには、
知識と知恵が必要なのです。

02

ショットのコツ

LESSON 07

アドレスは両足親指の付け根に体重をかける感じで

ジャンプして、着地して……

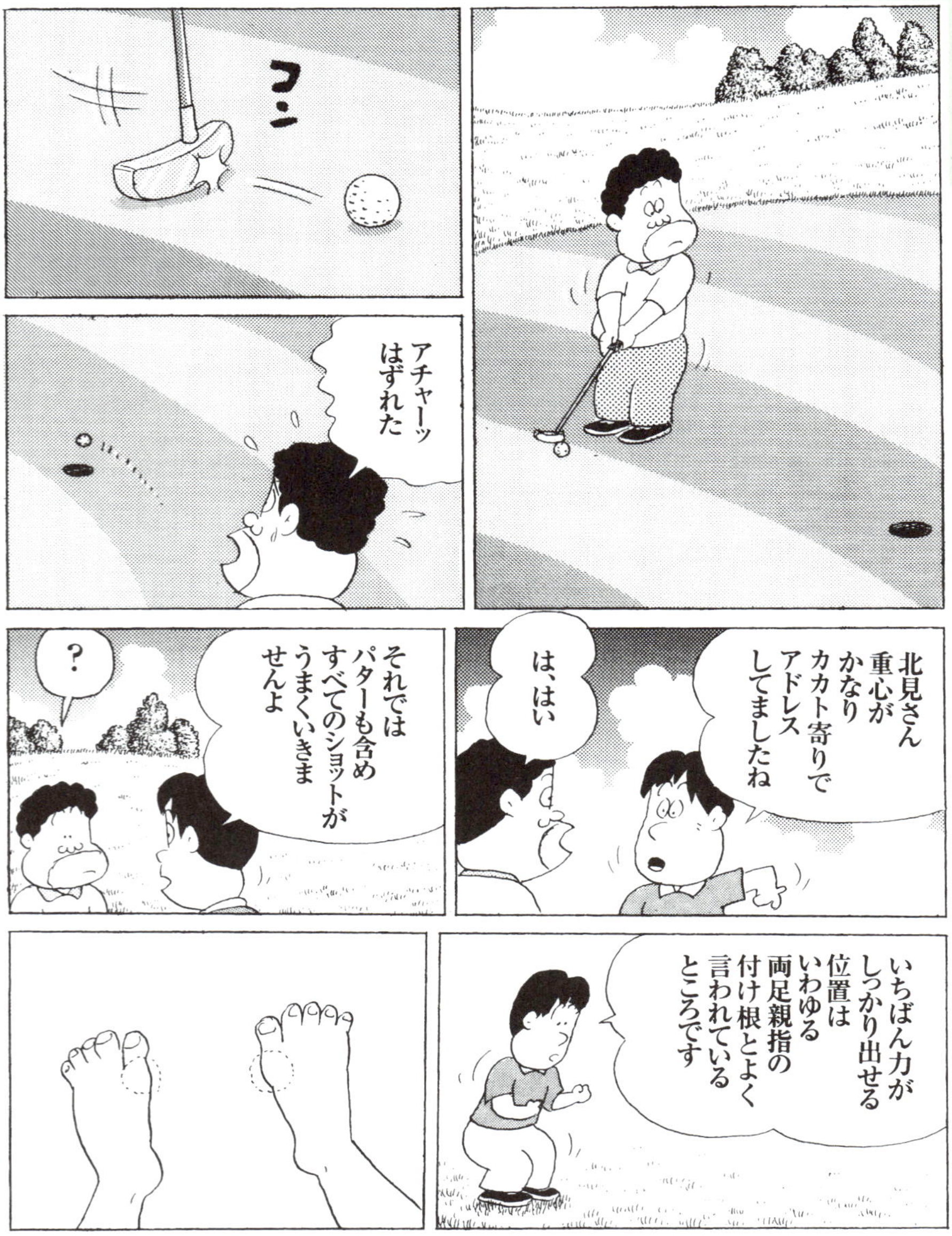

いつもラウンド前半はいいのだが、後半になるとショットが乱れてくる。

だんだんたまってくる疲労のせいで、身体が動かなくなってくるのだ。ゴルフは18ホール歩き通し。とてもハードだ。

金谷プロはそのへんを素早く見抜いて、「立っているとき、パットにしてもスイングにしても重心がだんだんカカト寄りになってきますヨ」と言った。

アドレスでの体重配分は、軽くジャンプするとわかると金谷プロは教えてくれた。

ジャンプするとき、いちばん力が入るところは両足親指の付け根あたり。そこでしっかり地面を踏みつけて、スイングやパッティン

垂直ジャンプするときに力を入れるのと同じ場所

グをすることが大切だと。

そして、ジャンプして着地したときの両足の間の幅やヒザの曲がり具合、上半身の姿勢などを、そっくりそのままアドレスに応用するといいらしい。

それがいちばん自然で、バランスが良く、身体を動かしやすく、しかも力が出る体勢なんだそうだ。

言われた通りにしてみた。すると再びいい球が出るようになった。

両足親指の付け根あたりを意識して立つと、クラブを振りやすく感じるし、ショットも正確になるようだ。

姿勢が良くなるだけで、ショットも良くなる。

腹を突き出したり、背中を丸めたり、要するに見た目でこの人は下手そうだと思われるようなカッコ悪い姿勢はダメなんだ。気をつけなくちゃ。

LESSON 07

金谷プロの
ワンポイントアドバイス

すべての運動は拇指球でリズミカルに動く

◀ドライバーの場合、腕とシャフトの角度を正しくキープしたまま、前傾して長尺クラブを構えると、前傾角は浅くなり、グリップと身体との間合いも広く開いてくる。ボールと目との間隔はかなり遠い感じになる

▼ボールから離れるのが不安だからといって、カカト体重にして近くに立ち、どっしりと腰を落としてハンドダウンで構えたり、後ろに寄りかかるように身体をのけぞらせてハンドアップで構えるのも、良くないアドレスである

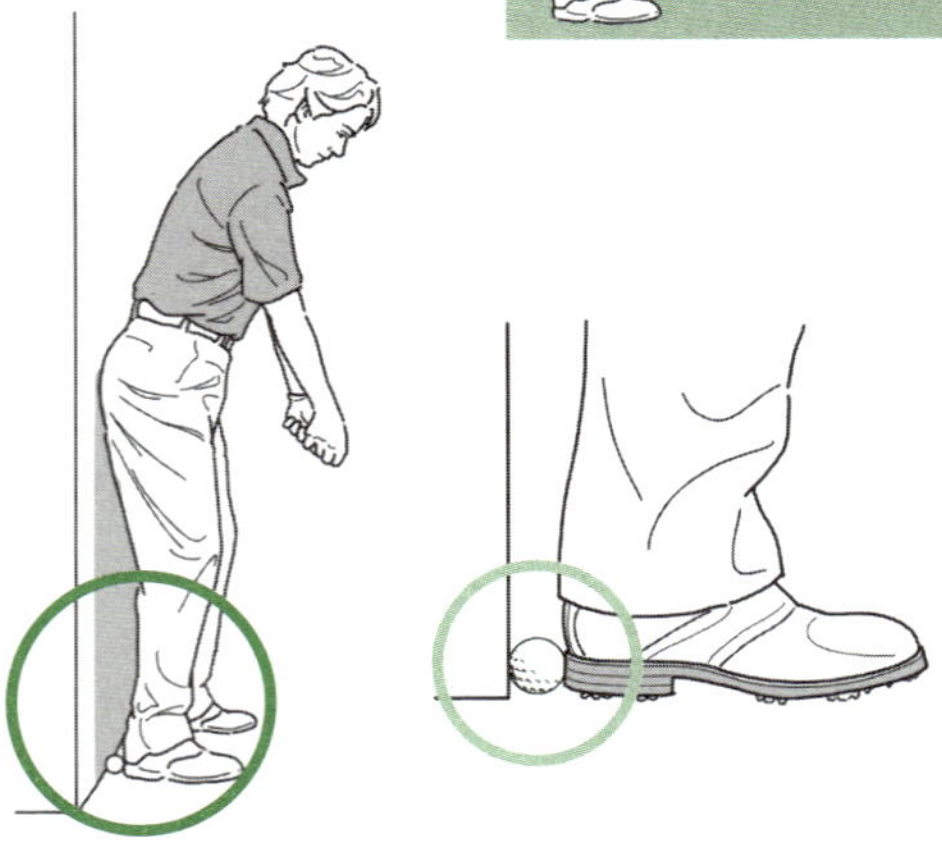

拇《ぼ》指球《しきゅう》でしっかりと地面を踏んで構える感覚を養うためには、壁の前でアドレスをするときに、カカトと壁の間にボール1個を挟み、前傾しながら壁にお尻が触れるぐらいの感じで構えてみると良い（かなり前のめりな感じがするかもしれない）

前腕とシャフトの角度を一定にして構えると、長いクラブほど前傾角が浅くなります。

最近の超長尺ドライバーにおいては、3Wと比較すると3インチ前後も長いので、特に気をつけて前傾を浅く、直立したぐらいの感覚で構えなければなりません。

また、すべてのクラブで番手ごとに違う前傾角になる構えの形において、一般ゴルファーはどっしりとしたアドレスを作りたいという気持ちから、無意識に腰を落としたカカト寄りの後傾姿勢になりやすい傾向があります。

●バランスよくアドレスをして、前後の重心移動を体得するドリル

01

足場マットの厚みの段差を利用する。マットの端からカカトがはみ出るようにして、足の裏を水平にしたアドレスで立つと、両カカトが浮いた状態になる。そのアドレスの感覚が、拇指球でしっかりと立っている証

02

トップでは左足はややヒールアップになり、アドレスで浮いていた右足カカトはしっかりと地面に下ろす

03

切り返しからダウンスイングで、今度は左足カカトを地面に下ろして、踏み込んでインパクトを迎える。この足踏みをするようなフットワークが使えれば、前傾角が崩れず、また前のめりになってフィニッシュでよろけることもない

後傾姿勢になるとうまくジャンプしたり走ったりできないのと同様に、スイングにおいても、かえって力が出せない悪い動きになってしまいます。

アドレスをした状態で誰かに肩あたりを背中方向に前から押してチェックしてもらい、簡単にぐらつくようなら後傾姿勢という証拠。

特に超長尺ドライバーは、ボールと目の距離が遠くなって当たらない不安が生じるためか、ほとんどのゴルファーがハンドダウンにしながらグリップエンドを身体に近く引き寄せた、窮屈な後傾姿勢の構えをしています。

その影響で、せっかくの長尺によるヘッドスピードアップの恩恵が得られていない人がほとんどのようです。

スイングのタメを作るには……

LESSON 08 下半身始動でタメができると、ボールはぶっ飛ぶようになる

ビュ
ュー
ボクも
プロのように
スイングの
タメを作り
たいんですけど
北見さんは
どうも
上半身
つまり手打ちの
傾向が強い
ですネ
タメを作るには
下半身始動を
しなければ
いけません
クイ

最近プレーしていて気になるのが、スイングにタメがないこと。身体が疲れているときは、どうしても手打ちになってしまいがちだが、以前、金谷プロがタメについて教えてくれた。

タメとは、ダウンスイングの始動のときに生まれる、下半身と上半身・腕・クラブの動きの一瞬のズレ。写真などで見るように、手首をコックして〝形〟を作るものではない。

「スイングとは、テークバックを上で止めてからダウンスイングに入るのではなく、まだ上体がテークバックの動作中に下半身はダウンスイングの始動をするもの」ということだそうだ。

上体がまだテークバックしてい

トップに行く前に下半身はダウンスイングを開始する

下半身始動とは
テークバックをして
クラブヘッドがまだ遠心力で先に行こうとしているうちに
下半身を回してスイングするのです
そうするとクラブヘッドの動きと下半身の動きが一瞬逆行するときがあります
それがタメで……
そのタメのおかげでヘッドスピードが上がり力強いボールが打てるのです
ビシ

る最中に下半身はダウンスイングを始めるのだから、トップでいったん動きを止めて形を作り、そこからエイヤーッとダウンスイングを始めるのも間違った理解らしい。

わかる気がする。カナヅチでクギを打つときでも、振り上げている途中で手は振り下ろす動作をしている。上でいったんカナヅチを止めては強くクギを打ち込めない。ゴルフスイングも同じで、テークバックの動作の中で、一瞬止まっているかに見えるトップの位置では、振り下ろす動作に入っていなければいけないのである。

ボクの場合、タメを作ろうと意識しすぎると、テークバックが大きくなり、振り下ろしたときクラブフェースがキチッと合わずフックしたりスライスしたりする。でも、うまく決まると気持ちよくグーンと伸びるホレボレするショットが出る。練習でマスターしていくしかないか……。

金谷プロの
ワンポイント
アドバイス

勘違いしやすいスイングの「タメ」

背骨のスイング軸線上の真上から見ると、手首とシャフトの角度はトップのときにいちばん深くなり、切り返しからインパクトに向かって徐々にほどけていく。トップからダウンスイングに移行したときに、急激に手首の角度が深くなるわけではない

プロや上級者はダウンスイングで「タメ」をうまく作って飛ばしているとよく言われます。

事実、写真などを見るとダウンスイングでシャフトがしなり、腕とシャフトの角度が鋭角になっています。

この「タメ」はあたかも上級者の条件のように理解されていますが、実は、これは意図的に作っている動きではないのです。

その正体は、下半身始動でボディが先行して動くのに対して、自然にクラブヘッドが遅れてくるという、あくまでも結果として表れたフォームにすぎな

タメは手首の形ではない。それぞれの捻転差によって生まれるのだ

捻転差がキープされたままインパクトを迎え、強烈にボールを押し込んでいく

インパクト直後に、解き放たれたように上半身、下半身、腕、グリップ、ヘッドが一直線になる

いのです。

「イーチ、ニ～」と2拍子で動くフットワークのリズムと、「イチ、ニッ、サン」「シッ」という4拍子のクラブヘッドの動きのリズムが共にスイングの基本とされている意味がここにあるわけで、これが「タメ」の真実。

身体を1対1の時間の割合で動かすと、自然にクラブヘッドの動く時間は3対1の割合にずれるということなのです。

したがって、形だけをまねて「タメ」を作るのはまったく意味がありません。

それどころか、手首や腕の誤った使い方を身につけてしまう弊害にさえなり得るのです。

効率良く上達するためにも、「タメ」の形は頭の中から排除してしまったほうが賢明です。

スイングは身体に無理のない形で

LESSON 09 スタート前は、クラブを2、3本持って素振りする

プロにコーチを受けていても、ひとりで練習場で打ち続けると我流が入ってくる。あらためてスイングの基本を金谷プロに聞いた。

まず、クラブのかわりに、重い野球のマスコットバットを振る（もしくは振るイメージを持つ）。

小さな振り幅からだんだん大きくしてみる。そのときの感覚がいちばん素直なスイングなのだそうだ。

というのも、バットが重いことが幸いして、振っている最中に手首をこねたり、変な軌道にバットを振ろうとすると途端に振りづらくなる。ゴルフクラブは野球のバットに比べれば非常に軽い。だからスイングの途中に変な動作を加えても、なんとか振れちゃうわけ

野球のバットでスイング矯正

その体勢から
ボールが
打てますか?
む
無理
です!!
では初め小さく
だんだん大きな
振り幅で素振り
をしてください
重たいバットでは
変に手をこねたり
できないから
とても素直な
スイングなの
です
これを
そのまま
ゴルフクラブに
持ちかえて
同じように
振ればいいの
です

なのだ。重いバットをいちばん振りやすい形が、自分に合ったスイングになるそうだ。

プロはよくスタート前にクラブを2、3本持って素振りをするそうだ。これにはラウンド前に、ゴルフで使う筋肉をストレッチする意味と、重いクラブでスイングチェックをする意味があるという。それと重い物から軽い物に持ちかえたとき、クラブがとても楽に速く振れる。一石三鳥なのだ。

ゴルフはなんだかんだ言っても経験がものを言う。〝90〟を切るために今の1メートル60センチの身長で76キロの体重を65キロまで落とし、毎日4キロのジョギングで足腰を鍛える。

そして1日300球は打ち込み、週1回のラウンド……なんていうのはやっぱり無理だろうなあ。成果が出なきゃ金谷プロにも申し訳が立たない。ウォーリャー、今日はこれから腹筋運動を始めるゾ。

LESSON 09

金谷プロのワンポイントアドバイス

スイングとは思っているよりも過激なもの

ストレッチを行なった後、マスコットバットや重い素振り練習機を使い、スイングの研究はせずにとにかく身体をほぐす

クラブを2、3本持って、ゆっくりと大きく4拍子のリズムだけを意識して振る。身体の負担を軽くして重さだけを感じたい場合は、ヘッドを前後1本ずつ、逆さまに持って素振りをする

4拍子のスイングリズムは変わらないが、シャフトだけをとにかくテンポアップして過激に振ること

朝一番のドライバーショットがど真ん中に飛んでくれたら、何と気分の良いスタートが切れることでしょうか。朝の時間に余裕がなく打撃練習をあまりしたことがない一般プレーヤーでも、しっかりとしたスイングの準備ができる方法があります。

その方法とは、まず、クラブを2、3本持つか、マスコットバットのような素振り練習機を使って、身体全体のストレッチを行ないながら、身体の可動範囲をなるべく大きく動かすように意識して、4拍子のリズムでゆったりとフルスイングします。

でも、これだけでは足りませ

テークバックで1本足になり、ダウンスイングで大きく左足を踏み込むことで重心移動をオーバーにしたスイングができるし、股関節まわりの柔軟性も高められる

飛行機でも自動車でも、エンジンを温めてからフルスロットルにして、エンジンがよどみなく回るかを確認して発進させるはず。ゴルフも同じで、身体を温めた後、一度もマン振りのフルスイングをせずにティーショットを打つことはあり得ない

ん。重いクラブでのスイングは実際のクラブよりも遅いテンポで振っているのでストレッチ効果はあるものの、それより過激で速い実際のスイングのテンポに対しては、まだ準備ができていない状況だからです。

それを準備するためには、ヘッド側を持ってシャフトだけの重さで、普段のスイングよりも速いテンポで行なう素振りがポイント。これをやっておけば余裕を持っていつものテンポでフルスイングできるようになります。

この2種類の素振りをしておくと、正確なスイングの動きの準備と自分の身体の動きのフルスロットルを体験してから朝のスタートを迎えることになるので、朝一ショットはナイスショット間違いなしということになるわけです。

LESSON 10

調子のいいクラブを中心に打つのが賢い方法

今日は、何番が調子いい?

練習場に行くと、ボクは1本のクラブでいい球が出るまで打ち続ける、つまり、ドライバーならドライバーで、自分が納得できるまで何発も何発も打つことが多いが、これは練習としては効果的ではないそうだ。

いい球を打って満足したいのだから、当然、うまくいかない番手をたくさん打つことになる。たとえば、5番や7番は調子がいいのにドライバーはスライスばかりというとき、スライスさせまいと躍起になってドライバーを振り回し、そのうち手首を返してスライスを防ぐという応急処置をしてしまう。

それで、ドライバーのスライスは収まるのだが、手首を使いすぎ

打てないクラブを振り続けるといいリズムも失ってしまう

ダメダメ北見さん!!
エッ!?
うまく打てないクラブばかり練習しちゃ駄目です
?
もし、そのとき打てるようになってもせっかく身についたスイングが崩れる場合があります
プロはその日リズムよく打てるクラブを多く振って
良いスイングを持続するのです
そうかその日調子のよいクラブを重点的に振るのか

るという悪い動きを身体が覚えてしまい、他の番手にかえると今度はヒッカケたりチーピンだったりしてしまうのだ。

プロは、その日の調子によってリズムよく振れるクラブを多めに練習することで、良いスイングを持続するらしい。ボクとはまったく正反対だ。

ひとつの番手で何発も打っていれば、最初はダメでも徐々にタイミングが合ってくる。ところが、本番では同じ番手を続けて使うことはない。1発1発が勝負なのだ。

だから、練習から1打1打クラブをかえて打つ癖をつけておいたほうがいいと金谷プロはアドバイスしてくれた。

言われてみれば、その通り。うまく打てるクラブでスイングのリズムを作り、そのリズムを1打1打番手をかえても続けられるようにしないとダメなんだ。

LESSON 10

金谷プロの
ワンポイント
アドバイス

自分が頼れる得意クラブを見つけておく

道具を使うスポーツは想像以上に身体に負担がかかるので、準備運動はとても大切。必ずクラブを持たずに行なうこと。素振りや実打でウォームアップを兼ねてしまうのは厳禁

効率の良い練習は「ナイスショット」を何発打ったかで決まる。したがってウォームアップ後は、得意なクラブのフルスイングでナイスショットを連発して、正しい動きの「スイング練習」に徹する

世間の練習場の風景を見ていると、苦手なクラブの克服に時間を費やしている人が多いように思います。

たしかに、ナイスショットが出る確率の高い得意なクラブより、自信がない苦手なクラブを克服するために時間を費やしたいという気持ちはわかりますが、ゴルフの場合、それは効率の良い練習とは言えないのです。

なぜなら、正しい動きを身体に覚え込ませるためには、自分にとって得意なクラブでのナイスショットを繰り返す「正しい努力」が大切だからです。

得意なクラブでナイスショットのイメージができてきたら、フルセットすべての番手で、番手ごとに球数を決めて、フルショットの練習をする。最後の1発を失敗したからといってもう1発はNG。持った番手が苦手クラブだったりしてミスショットが多くなってきたら、必ず得意なクラブに戻って、「スイング練習」を立て直す

仕上げは実際のプレーをシミュレーションしながら、1発ごとにクラブをかえる「ショット練習」を行なう。
打席ではボールのカゴは遠ざけ、打つボール1発だけしか視界に入らないようにする。
プレーのシミュレーションなので、レイアウトを意識したり、コントロールショットやアプローチを組み合わせながら行なう。
この「ショット練習」を行なうと、同じクラブで同じフルスイングを連発する「スイング練習」よりも、あきらかにナイスショットの確率が悪くなるのがわかると思う。
そのときのショット力がコースでの自分の実力だと思え！

そして、そのナイスショットが打てた余韻を残したまま、時折苦手なクラブに持ちかえて打つ。

そうすると、同じ動きでナイスショットが打てる確率が徐々に高くなってくるというわけなのです。

そして、コンペなどスコア重視のラウンドをするときは、決して、苦手なクラブは使わないようにするということも大切です。

楽器を演奏するときに苦手な音が多く出てくる曲が演奏しにくいのと同様に、コースによって苦手なクラブをたくさん使わされるときはスコアメイクが難しくなります。

そんなときこそ、レイアップしたり、得意なクラブを連続的に使ったりするコースマネジメントが大切になってくるのです。

LESSON 11 フェアウェイウッドも上から打ち込む

フェアウェイウッドのソールを生かす

フェアウェイウッド（FW）がうまく打てない。以前、誰かからフェアウェイウッドは払うように打てと言われ、そのように振っていたのだが、それでもうまく打てず、高く上がらなかったりトップが多かったりしていた。

そのあたりを金谷プロに聞いたら、フェアウェイウッドもアイアンと同じで上から打ち込み、ボールのすぐ先のターフをとる気持ちで振りなさいと言われた。

ここでハッと思ったのだが、ボクら下手クソは打ち込んでターフをとるときがあるが、それはほとんどダフリ。ボールの後ろのターフをとっていたのだ。その逆で、プロがターフをとるというのは、ボールにクラブフェースがしっか

ボールだけ払い打とうとするから ダフリ、トップが多い

ですから フェアウェイウッドも アイアンと同じ打ち方で
横から払うのではなく
上から打ち込むようにしたほうが
球もそのクラブなりに上がりグッドショットになります
ほんとにその打ち方で大丈夫ですか?
大丈夫です
じゃやってみます
おほー ナイスショット!!
パシーッ

り当たってからとるターフ。すなわち、ボールの先のほうのターフをとっているのだ。この差はすごく大きく、プロのボールは計算通りに飛ぶが、ボクのボールはチョロチョロ……。

それと、ボクはボールが上がらないあまりにすくい打つようなスイングになっていたようだ。すくおうとするから、ボールの手前にヘッドが落ちてしまう。結果、大きなダフリか、一度ダフッたヘッドが跳ね上がってボールの頭をたたくチョロが多かったのだ。

もうひとつ、フェアウェイウッドを使う場面は、距離が欲しいとき。だから、飛ばしてやろうと意気込むものだが、それも良くないらしい。飛ばそうと思わないで、普通に振ればアイアンより飛ぶクラブだと思ってスイングすることも大事。今度はプロのようなターフをとるつもりで打ってみたいと思ってマス。

LESSON 11

金谷プロの
ワンポイントアドバイス

機能通りに使わなければ宝の持ち腐れ

今時のFWは正面から見ると船の舳先《へさき》のようになっていて、リーディングエッジの接地幅が狭くなっている

パーシモン型の古いタイプのFWは、リーディングエッジの接地幅がトゥヒールに広くなっているので摩擦抵抗が大きい

ソール面もバックフェース側にせり上がるようになっているので、リーディングエッジ側のわずかなソール面しか地面に触れない。そのため、ロフトを立てるイメージで、バックフェース側を浮かすように構えなければならない

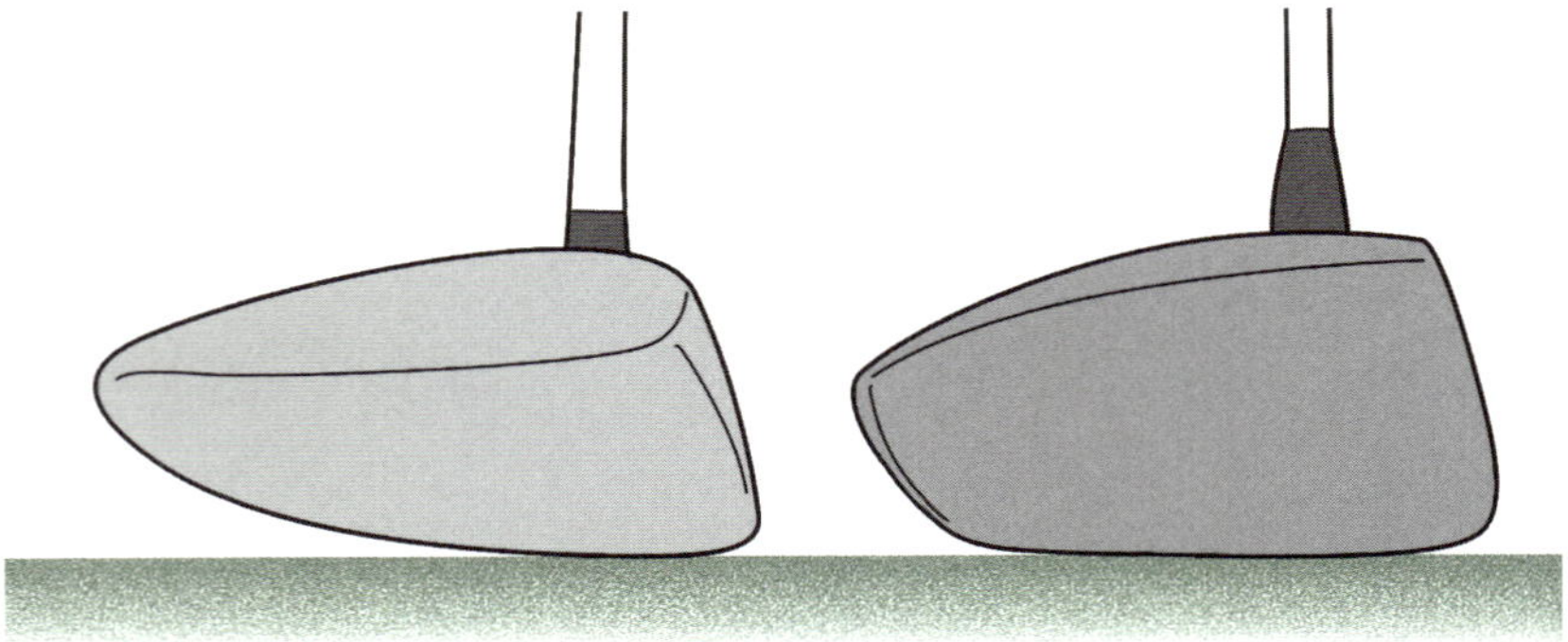

ソール面が平らで、地面に対して座りが良く、ソール全面を滑らせて打つタイプ

ここ数年でフェアウェイウッドの形状は大きく変化しました。かつてのＦＷといえば、パーシモンヘッドの時代と同じようにソールが平面的で地面に対して座りが良く、ロフト角もソール面を基準に設定されていました。

そして、そういう形状だったからこそ「ＦＷはソールを滑らせるように打て」というセオリーが生まれたわけです。

しかし、今時のＦＷは正しいロフトで構えると地面に触れるソール部分はフェース寄りの一部分だけで、ソールの後ろ側は地面に触れてはいません。

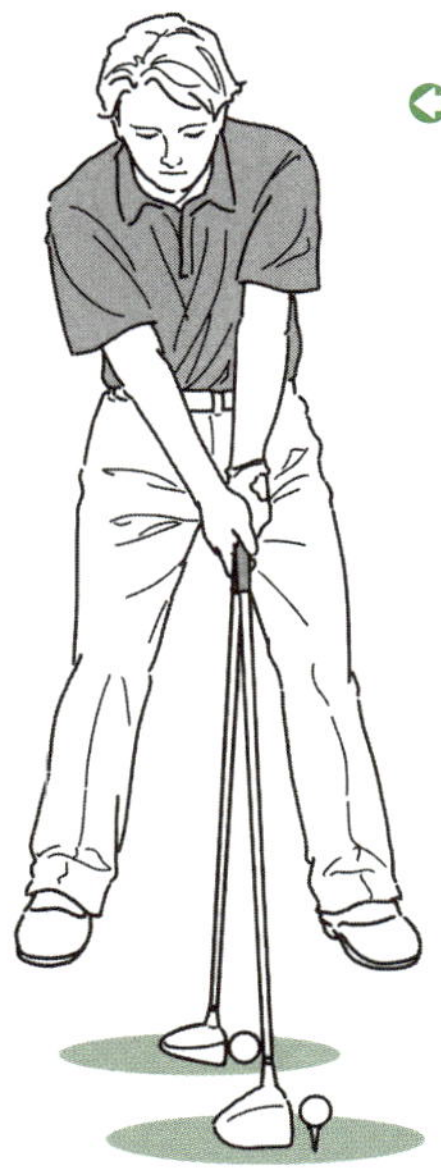

昨今のドライバーと比較すると、2インチ以上も短いFW。ボールの位置もそれだけしっかりと中側に移行しなければならない

ドライバーのボール位置から変えずに、ソールを滑らすつもりで、バックフェースを浮かさずにソール全面をベタッとつけて構えてしまうと、グリップ位置は中に入り、ロフトは上を向いてしまう。トップやダフリ、つかまりが甘く弱々しい球筋になってしまう

正しいボールの位置で、バックフェースを浮かせて正規のロフトなりに構えれば、リーディングエッジからしっかりとボールに対してダイレクトに打ち抜ける

正しいアドレスをするだけでなく、スイングの意識もボールに対して最下点の軌道で振り下ろすイメージが必要。怖がらずに打ち込むつもりで打ち抜いても、ソールの接地面積が狭い構造のおかげで抵抗なく振り抜けるので、ターフをとるぐらいのつもりでスイングする

このような構造のFWでソール全面を滑らせて打ったらどうなるか。摩擦が大きくなってヘッドスピードが落ちるだけでなく、フェースが右を向いてロフトが多くなり、リーディングエッジが浮いてしまうためボールが捕まらなくなって、ダフリやトップにもなりやすくなってしまいます。

これを正しく使いこなすためには、ロフトを立てるようにバックフェース側を浮かせて構え、スイングはリーディングエッジから振り下ろしてくるように、打ち込むぐらいの感覚が必要になってきます。そうすればインパクトでのソールの接地面積が狭くなることで自然に振り抜けるし、フェースでボールをしっかりと拾ってくれるので、かえってボールは高く上がるようにもなるのです。

アプローチのコントロールは、
インパクトのヘッドスピードとロフトの角度、
クラブの入射角によってほぼ決まるわけですが、
その微妙な距離を打ち分ける感覚は、
経験を積み重ねて身体で覚えていくしかありません。

なぜなら、そのコントロールの感覚は、
ボールを弾く強さの加減だけでなく、
数百回転から１万回転以上にもなるスピンというものが
深く関わってくるからです。

しかし、一般的にはとてもそこまで技術を
磨き上げる時間はありません。

それでも効率良くアプローチを成功させるためには、
感覚に頼るだけでなく、クラブの機能に応じてメカニカルに
理屈で覚えることが大切です。

03

アプローチ上手になるには

● スイングのリズムは同じで……

LESSON 12 スイングのテンポはドライバーもアイアンも同じ

グリーンまで90ヤード……ピッチングウエッジでナイスオン
ササッ
サッ
チョロッ
アターッチョロッちゃった!!
金谷プロなぜチョロしちゃったんですか?
打ち急ぎですよもっとゆっくり振らなきゃ
?
以前プロはテークバックをもっと速くと……
それはドライバーの場合です

最近、金谷プロに言われて、ショートアイアンをもっとゆったり打つように心がけている。今までは〝ササッ〟という感じで打って失敗することが多かったが、今は〝サーサッ〟って感じでミスを少なく……。

「ドライバーをゆっくり振るわりに、ショートアイアンになるほど打ち急ぐ人が多いんです。これはどちらも悪い状態で、ドライバーもショートアイアンも、動きとしては同じテンポで振ることが大切です」

と金谷プロは言うのだが、プロのスイングだって、どう見てもドライバーのほうがゆっくり振っているように見えるんだけど……。

「それはクラブの動きだけを見て

ショートアイアンのリズムは〝ササッ〟ではなく〝サーサッ〟

いるからです。たとえば、竹ぼうきを振ったら、先端部分はゆっくり動いていても、手元のほうは動くスピードが速いですよね。それと同じで、同じ速さで身体が回転しても、長いクラブのほうがゆっくり動いているように見えるだけなんです」

ナルホド。クラブが動くスピードに惑わされず、身体を動かすテンポをどんなショットでも同じにする。ボクの場合は、特にショートアイアンやアプローチのとき、クラブの短さにつられてテンポが速くなり、打ち急いでいたわけだ。

〝ササッ〟に比べると〝サーサッ〟はだいぶスローに動く感じだが、慣れればトップやザックリなどの大ミスが出なくなるような気がする。

それに、自分ではゆっくりソフトに打っている感じでも、今までと飛距離は変わらない。これなら、短い距離に自信が持てそうだ。

LESSON 12

金谷プロの
ワンポイント
アドバイス

知識が身につけば寄せワンもできる

フルスイングするときの4拍子のクラブヘッドの動きのリズムとテンポを、状況に応じて振り幅が変わるアプローチにも取り入れることで、安定した確率の高いアプローチショットが行なえる

リズムとテンポが正しくても、軌道やフェースコントロールが正しくなければ意味がない。パッティングに近いアップライト軌道になるアプローチで手打ちをしたり、身体を回しすぎたりしないために、練習場の打席で仕切り板をはさんでアプローチショットをするドリルは最適だ

1ラウンドのスコアのうち、3割近くを占めるのがアプローチ。

そして、その動きはシンプルなフルスイングに比べて、毎回打つ距離や状況が違うために振り方や振り幅が複雑になっています。

そこをうまくコントロールするためには、フルスイングにおける4拍子のクラブヘッドの動きのリズムとテンポを、アプローチの千変万化する、その都度の振り方にも当てはめるということが大切になります。

どんな振り方になろうともリズムとテンポを一致させていれ

フルスイングと違ってヘッドスピードが遅いアプローチは、遠心力や慣性を感じにくいのでスイングのリズムやテンポが速くなりやすい。打ち急ぎをしないために、アプローチの振り幅で重いカゴやバケツなどをぶら下げてスイングしてみると正しい動きを感じやすい。実際のスイングも同じイメージで、体重の約10%の重さと言われている2本の腕とクラブを肩の付け根からぶら下げている意識を持って、いろいろな振り幅のスイングを試してみよう

ボールを正面にいくつか並べて、手前のボールから歩きながらフットワークのリズムでアプローチ練習をしてみる。これは、腕とクラブの重さを感じながら、リズムとテンポを合わせて、身体全体でスイングする最適なドリルだ

ば、振り幅なりのインパクトのヘッドスピードで軌道が狂わず、思い通りの距離をコントロールできるようになるのです。

そして、そのアプローチのリズムが狂ったり、テンポが速くなったりしないように気をつけます。

短いシャフトのウェッジなど、アプローチをするクラブについては、シャフトやヘッドを重くしてバランスを合わせ、フルスイングと同じリズムとテンポで動きやすいように調整をしておきます。

そうすることで、様々な場面での緻密なアプローチの動きの中で、身体の動きに対してクラブが邪魔をしない安定したスイングができるようになるので、寄せワンの確率も高くなるはずなのです。

冬のグリーンまわりはパターでGO

LESSON 13 ダフリ、トップなしの安全第一アプローチにはパターを使う

ピンまで約15ヤードサンドでピタッと!!
アレッ!?
ザクッ
ポト
アーア これでここも3パットだ
そんな弱気じゃ駄目ですよ
とはいえ今の寄せは大失敗でしたネ
冬場の枯れた芝からのアプローチは難しいのです
ハア
上級者ならともかく北見さんクラスの人はパターで寄せたほうがケガが少ないんですよ

冬場の枯れた芝のグリーンまわりのアプローチは難しい。イメージではピッチエンドランでピンそばにピタリ、なのだが、いざ打つとザクッとやったりカキンとトップ。しまいにはシャンクまで出る。せっかくグリーンエッジまで2打で来てても、そこから4打なんてことが多い。

金谷プロが言いマス。「パターで転がしなさい。転がしがいちばん安全」。フム、たしかに転がすのはサンドウェッジ（SW）やピッチングウェッジ（PW）で打つよりもやさしそうだ。よくグリーンの傾斜や芝目を考えて、転がす方向を間違えないように。

そうすれば、とりあえずはグリーンに乗る。他のクラブで失敗し

ゴルフは倹約するスポーツ。凡ミスをなくそう

サンドウエッジでピタッと寄せようと思っても失敗してこのありさまじゃスコアメイクになりません
パターで転がせば少なくともグリーンには乗せられるし
うまくいけば1パット圏内に寄るかもしれません
ピタッとサンドで決まればカッコいいですが
それよりは確実にグリーンに乗せられるパターを使うのも勇気です
ハイ……
カッコよりスコアメイク!! いいですか北見さん
ヘイ!!
スイマセーンパターくださーい

てそこから4打かかるより、3打で上がれば1打少なくなる。

うまく転がって1パットで上がれば3オン1パットでパーなんてことも夢ではない。本当に言われた通りだ。

以前、110や120たたいていたころは1打ぐらいなんともないやと思ってゴルフをしていたが、100を切る、いや90を切るとなると各ホール、極端に言えば18ホール1打ずつ減らせば18打スコアが良くなるわけ!

コツコツ倹約してムダづかいをしない。それが好スコアにつながる。カネがあるときはパッと使ってしまう自分の性格にはどうも合わない気もするが、そうも言っていられない。

ゴルフは性格改造のゲームかもしれない。出ることを惜しむ気持ちを養わねば。この1打の失敗で1万円が飛んでいってしまう、ぐらいに思えばいいのかな?

LESSON 13

金谷プロの
ワンポイント
アドバイス

自然に逆らわないクラブ選択が大切

へっぴり腰で下半身を固定してしまい、小手先だけに頼ったアプローチ。動きがぎこちなく、ミート率が上がらないので、ミスが多く出る

全体の動きが統一されているので、どんな振り幅になっても、各パーツの動きが同調している。よって、距離の打ち分けのコントロールが良くなる

特に傾斜地からのアプローチは、下半身が固定されがちなので要注意！全体の動きのバランスが大切なので、傾斜地の場合、まずはその状況で使える下半身の度合いを考え、それに合わせて他の身体のパーツの使う割合を同調させていくこと。
急傾斜で下半身を大きく動かせない場合は、それに合わせて他の動きも小さくなるので、小さいスイングになる。その分、大きめの番手にかえて対処することがポイント！

アプローチの難しさは、フルスイングと違って毎回動きを調整しなければならないところにあります。その距離感に合わせた動きを安定させるには、手先や腕の操作ではなく、身体全体のコントロールが必要です。

どんな小さなスイングでも、小手先だけ動かして下半身を固定してしまうようなことをせずに、身体全体の動きのレベルは同じでなければならないのです。

しかし、アプローチといえば毎回ライや傾斜が複雑で、たとえ良いスイングができたとしても、安易にジャストミートして

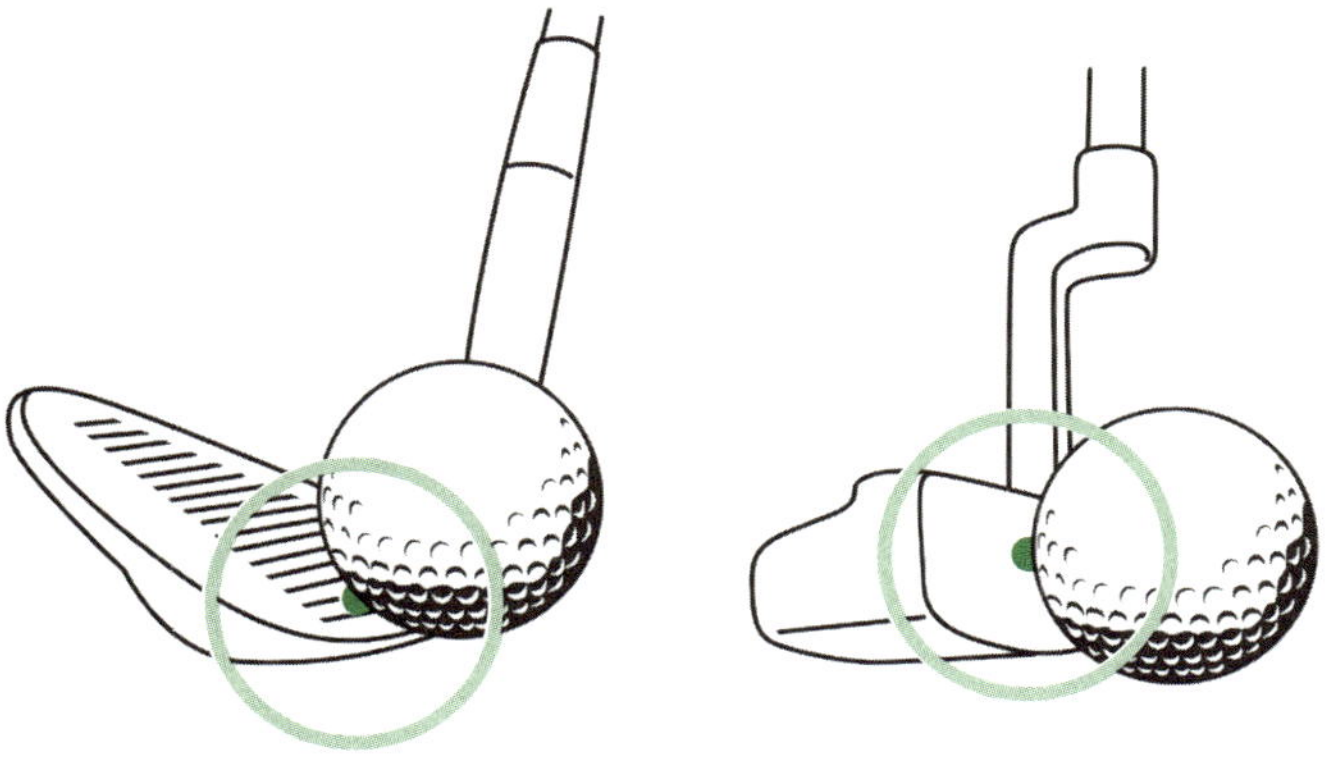

ロフトが大きいクラブ（たとえばSWやAW）ほど、ボールとフェースのインパクトでの接点が低くなるので、自分の打ち方は悪くなくてもミスヒットになりやすい。まずはパターが使えないか最優先で考えてみる。SWやAWは最終手段だ

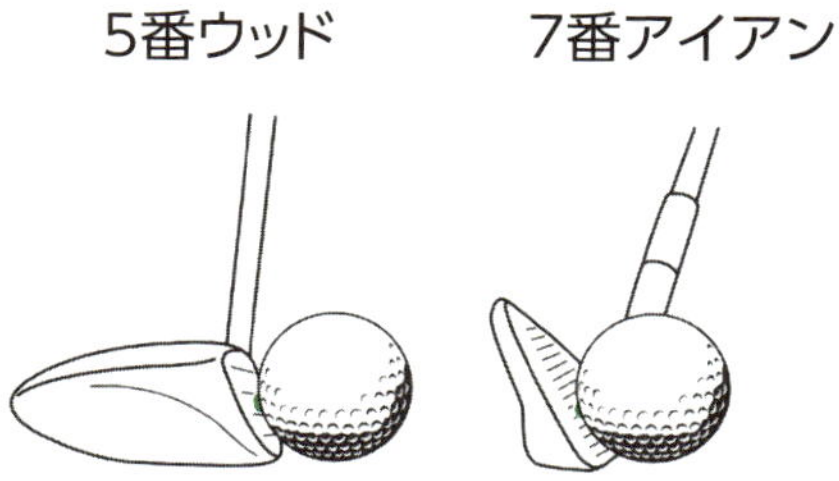

ロフトの小さいクラブほど、フェースに当たる位置が高くなるので、やさしくジャストミートできる。アプローチの番手の固定観念を取り払ってみることも必要だ

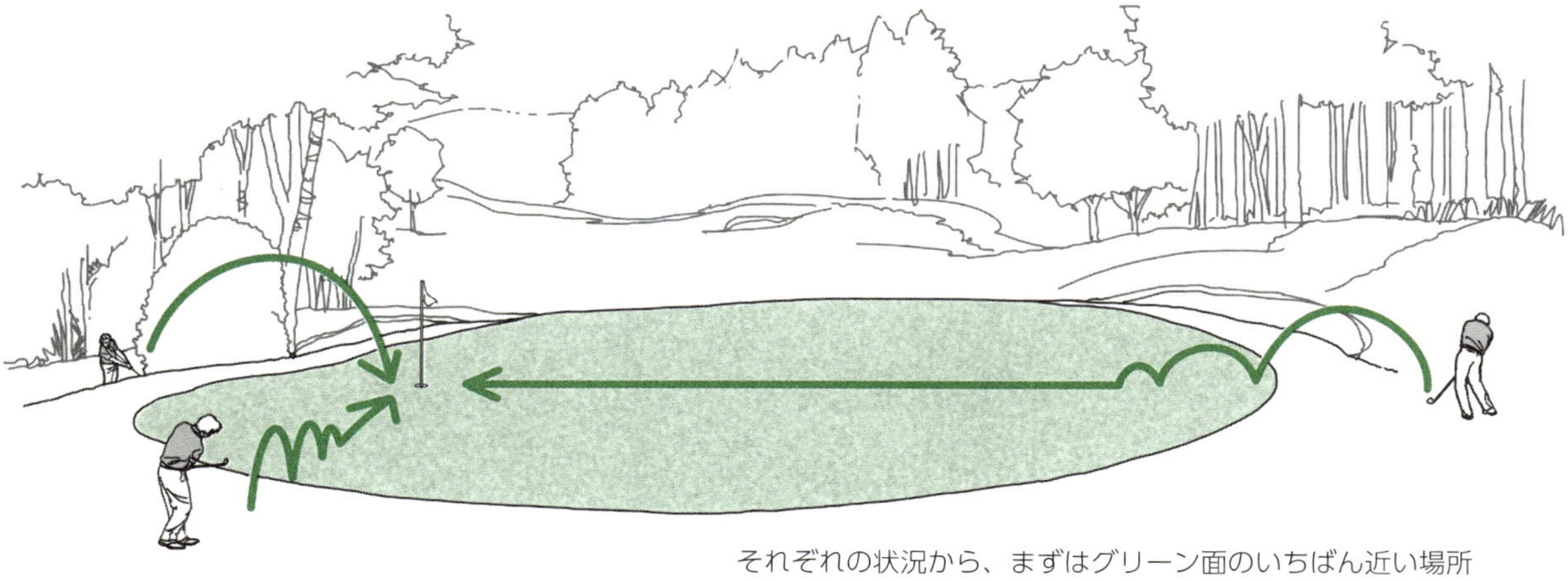

それぞれの状況から、まずはグリーン面のいちばん近い場所に落とせる方法・クラブ選びを考える（パター以外の場合）

打てるような状況にはなっていません。

そんな状況でロフトの大きいSWなどを使ってしまうと距離がまったく合わなかったり、ダフリやトップになったりするケースが多くなります。

そんなときこそロフトが小さいクラブを使うと、同じスイングの技術レベルでも圧倒的にミート率が良くなります。

なぜなら、ロフトが小さいクラブはフェース面とボールとの打点が地面に対して高い位置になるため、ラフの芝や砂、土などの影響を受けずに芯で打てるからです。

ということはいちばんロフトの小さいパターが、いちばんミート率が良くなる確率が高いので、アプローチの場所に行ったら、まずパターで寄せることができるかどうかを考えるのが成功の秘訣です。

● ショートアプローチでザックリする人は……

LESSON 14 夏のラフはソールをビタッとつけて、ライ角通り構え、パター感覚で振り抜く

ピンまで
約20ヤード!!
ピッチング
ウエッジで
ピッチエンド
ランだ!!
アリャ!!
ザクッ
ど、どう
なってんだ!?
ねえ、
プロ!!
それは
ですね
低くボールを
打ち出そうと
する意識が
働いて
アドレスの
ときに
クラブ
フェースが
立って
いるから
です

暑くなって、芯がしっかりとした青々とたくましい夏の芝になってきた。冬場の芝と同じようなつもりでショートアプローチをすると、ザクッとダフッて、メチャクチャショートなんてことが多くなった。

冬場は草が枯れて、土の上から打つなんて難しさがあるが、この季節になると強く育った草との闘い。ゴルフは一年を通して同じようには勝負させてくれない。

どうもボクの場合、グリーンまわりのアプローチが最近ショートになりがち。どうやら、せっかく慣れてきていた冬場の感じと夏場はだいぶ違うようだ。

その大きな違いは金谷プロに指摘されたのだが、たとえば、ピ

クラブはやや短く持って
ソールを滑らせるように

ッチングウェッジを持って、ピッチエンドランでピンに寄せようとするとき、クラブフェースが立ちすぎているのだそうだ。ナルホド、思い当たる。

フェースを立てて、ボールにコンと当て、転がして寄せようという意識があった。冬場の弱い芝なら、そんな悪い打ち方でも抵抗が少ないのでなんとかボロを出さなかったのが、夏場は違う。強い芝に負けてクラブフェースがザクッとなり振り抜けないのだ。

結論、ショートアプローチでもクラブのソール（底）を地面にピタッとつけ、つまり、クラブのライ角通りに構え、若干短く持って、パットをするときのようにソールを滑らせるように振り抜く……のだそうでありマス。たしかに〝ザックリ〟がなくなり、まだ少しショート気味だが、夏場のショートアプローチ、自信がわいてきた。

LESSON 14

金谷プロのワンポイントアドバイス

クラブの機能を状況に合わせる

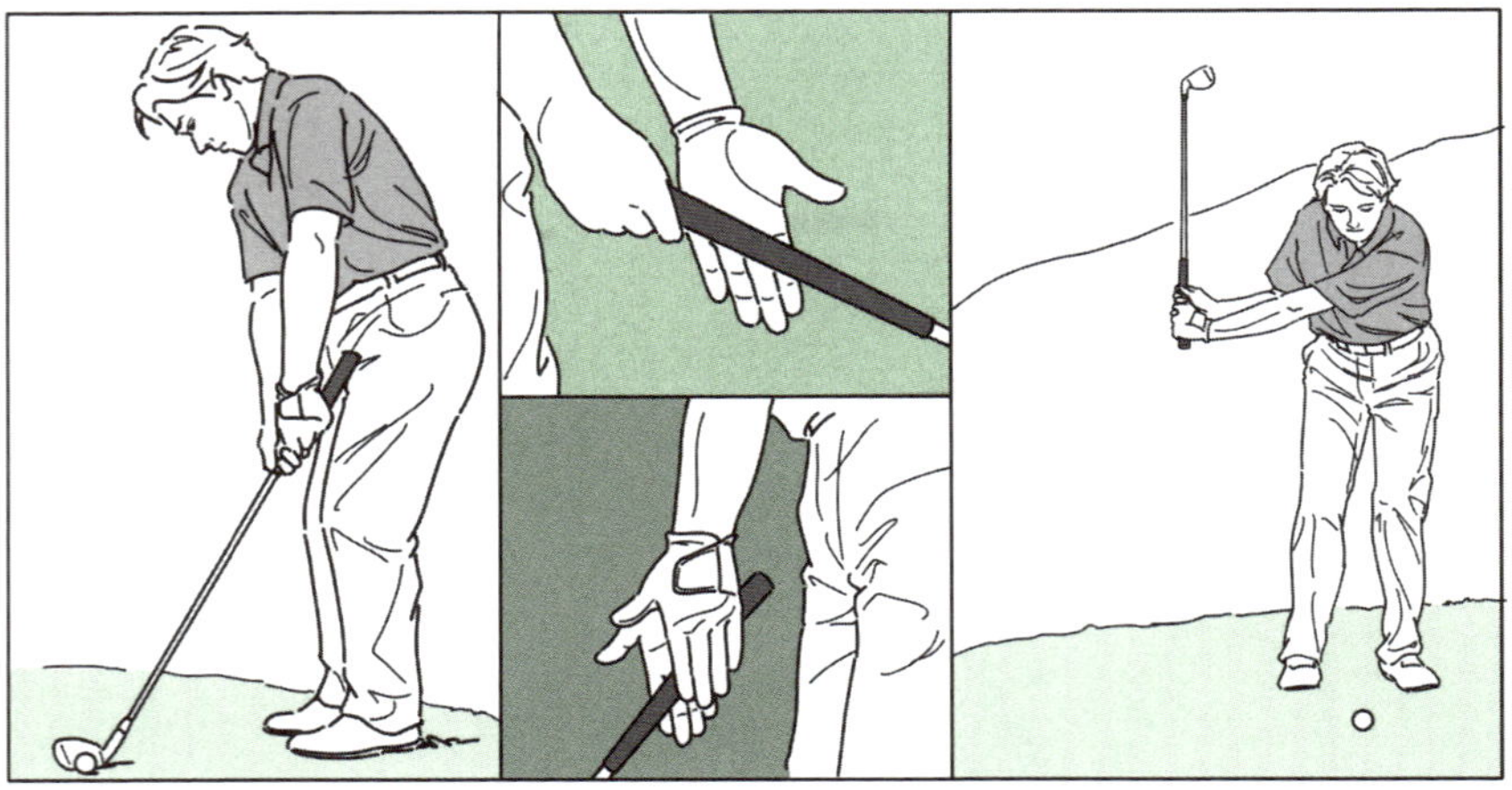

ショットと同じグリップの場合は、腕とシャフトの角度が決まっている。その状態でソールを地面と平行に合わせるためには、短めに持つ度合いを調整して、ライ角を合わせるようにする。スイングが始まったら、クラブの力で自然にコックが行なわれる

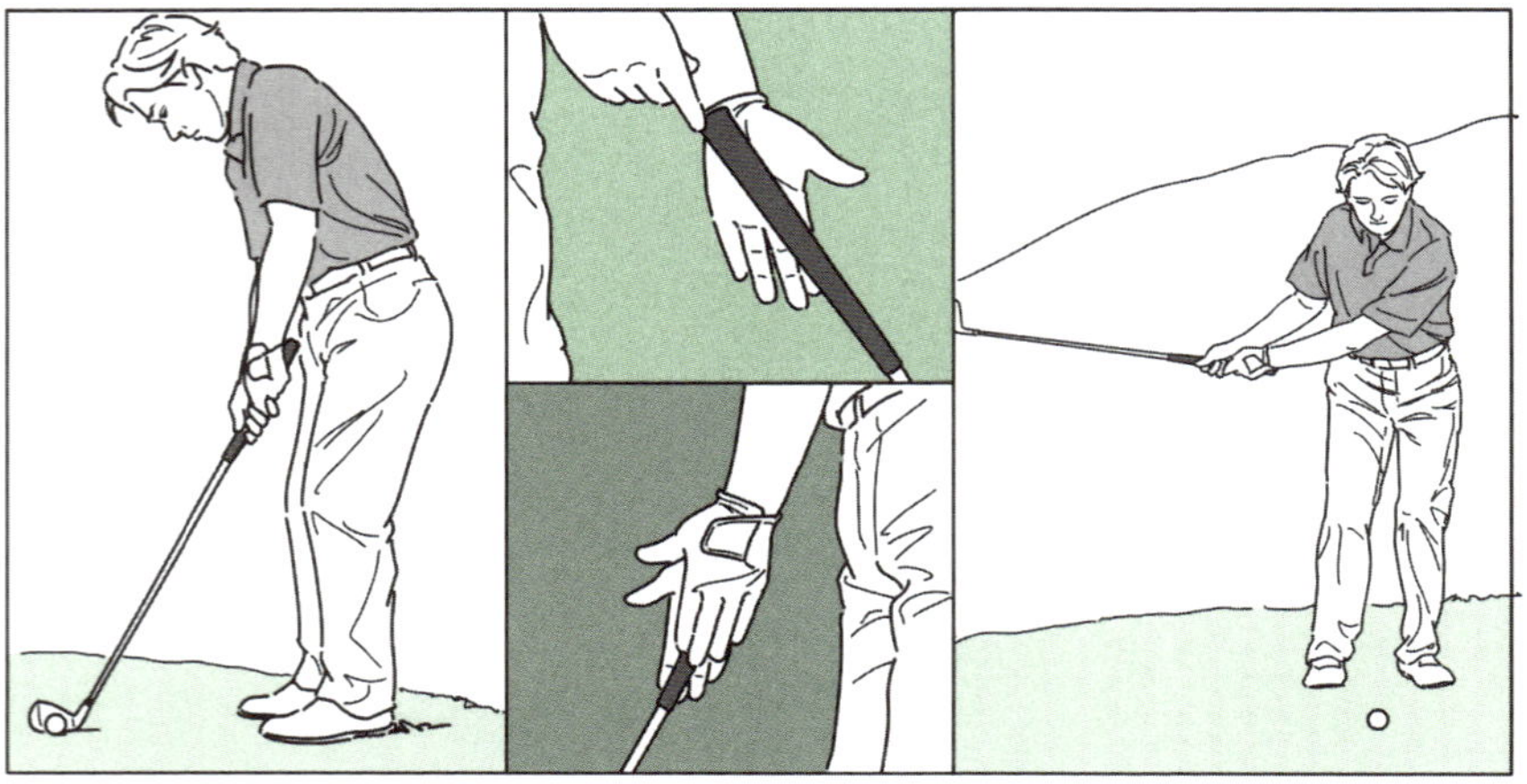

パッティングのグリップのように、指に対してなるべく平行に（手のひらに対して縦に長く）持つと自然にハンドアップになり、普通の長さに持っていてもシャフトの角度がアップライトになるため、ソールがピタリとつくようになる。スイングしても、自然にリストワークは動かずにノーコックスイングのようになる

通常のショットでは、腕とシャフトの角度を変えずにスクェアに構えるとクラブヘッドのトゥ側が少し浮くようになります。

そしてフルスイングした勢いで、インパクトではシャフトがトゥダウンして（縦にしなって）、地面に対してヘッドのトゥからヒールにかけてライ角通りにソールがピタッと合った状態でボールをとらえることができます。

アプローチの場合は、ヘッドスピードが遅いためにシャフトのトゥダウン現象がほとんど起こりません。

○

アプローチの場合はシャフトのトゥダウンがないので、アドレス時からソールが地面と平行に、ピタリとつくように構えることが大切

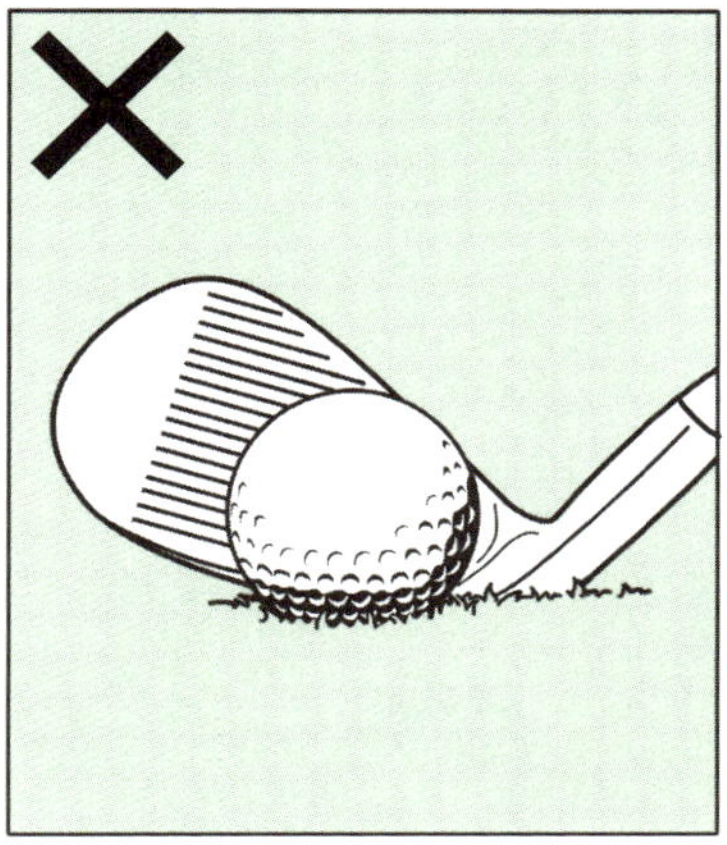

ショットと同じグリップで普通の長さに持つと、フルスイング時と同じようにトゥ側が浮いてしまう。ましてや、しっかりと打ち込もうとしてハンドダウンに構えていたり、ボールを右に置きすぎたりしてしまうとダフリ、トップの原因になる

トゥからヒール側だけでなく、ソール全面をピタリと地面に密着させて構えるのがクラブなりの構え方。ランニングアプローチをするときも、ロフトの小さいクラブを持って、SWよりもフェースをかぶせるように立てて、ボールを中側に置いてかぶせてしまうとリーディングエッジが刺さる。
アプローチといえども、クラブなりに構えなければならないので、ロフトの小さい番手のほうが自然にボールの位置は外側になる

そのため、構えたときに既にライ角通りに地面に対してソール全面がピタリとついているように、クラブヘッドを合わせるのがポイントです。

通常の腕とシャフトの角度を一定にしたショットを行なうときのグリップのままの場合は、短く持つことでシャフトの角度がアップライトになり、自然にトゥ側が浮かずに構えられます。

また、パッティングのときのグリップのように、握りかえてハンドアップにしてもソールをピタリとつけて構えることができます。

アプローチの基本はフェースを開いたり、オープンに構えたりせずに、クラブなりにスクエアに構えて、ライ角通りに地面に対してソールをピタリと合わせるところがポイントです。

アプローチの練習は距離、方向を考えて

LESSON 15

ショートゲームの練習は、40、50、60ヤードと微妙な距離を打ち分ける

ゴルフに行くと周囲の人たちから、「さすが金谷プロ仕込みだね、スイングが以前とは別人だよ」など、おホメの言葉をたくさん頂いておりマス。

でも、それはラウンドの最初のうちだけ。上がってみると、ボクよりヘンテコリンな打ち方をする人のほうがスコアが良かったりして。

どうもアプローチが下手クソ。「ゴルフは1、2打目はどうでもいいの！」「3打目のアプローチがアマチュアにはいちばん大切なの！」と言う人がいる。まさにその通りかもしれない。

スコアの良い人は、3打目のアプローチで心ニクイところにボールを落として、1パット。あるい

表示板を狙うだけでは、上達しない

これからアプローチの練習のとき表示板を目標にするだけではなく
50Y
1打ずつ距離と方向を変えて打ち自分の目測力と力加減を育ててください
たとえば50ヤードの表示板の手前40ヤード付近に目標を探してそこへ落とす練習をし
50Y
次は50ヤードの奥60ヤードあたりに目標を探してそこへ打つ
50Y
こうして打つ度に目標を変えれば
本番のコースに出ても自然に距離に応じたスイングができるようになります
ハイ

は2パットで沈める。

ボクの場合、1、2打は良くても残り50ヤードを切ったあたりからのアプローチがノーカン。金谷プロにそれを言ったら、練習場での練習で1打1打、目標・距離を微妙に変えて一球入魂で練習するように言われた。

ま、たしかに練習場の50ヤードの表示板目がけて、何十発も打ち込んでいればそのうち目標に近いところに集まってはくる。

しかし本番では残り50ヤードの表示板はないし、何十発も打つわけにもいかない。一発勝負なのだ。

野球のキャッチボールのとき、投げるボールは、距離を変えてもそれなりに加減して相手の捕れるところへ投げられる。ゴルフもそれと同じだそうで、距離感を日ごろの練習で身につけておくと、アプローチでいいところに寄せられるようになるそうだ。

LESSON 15

金谷プロの
ワンポイントアドバイス

動きや形ではなく感性を磨く練習が大切

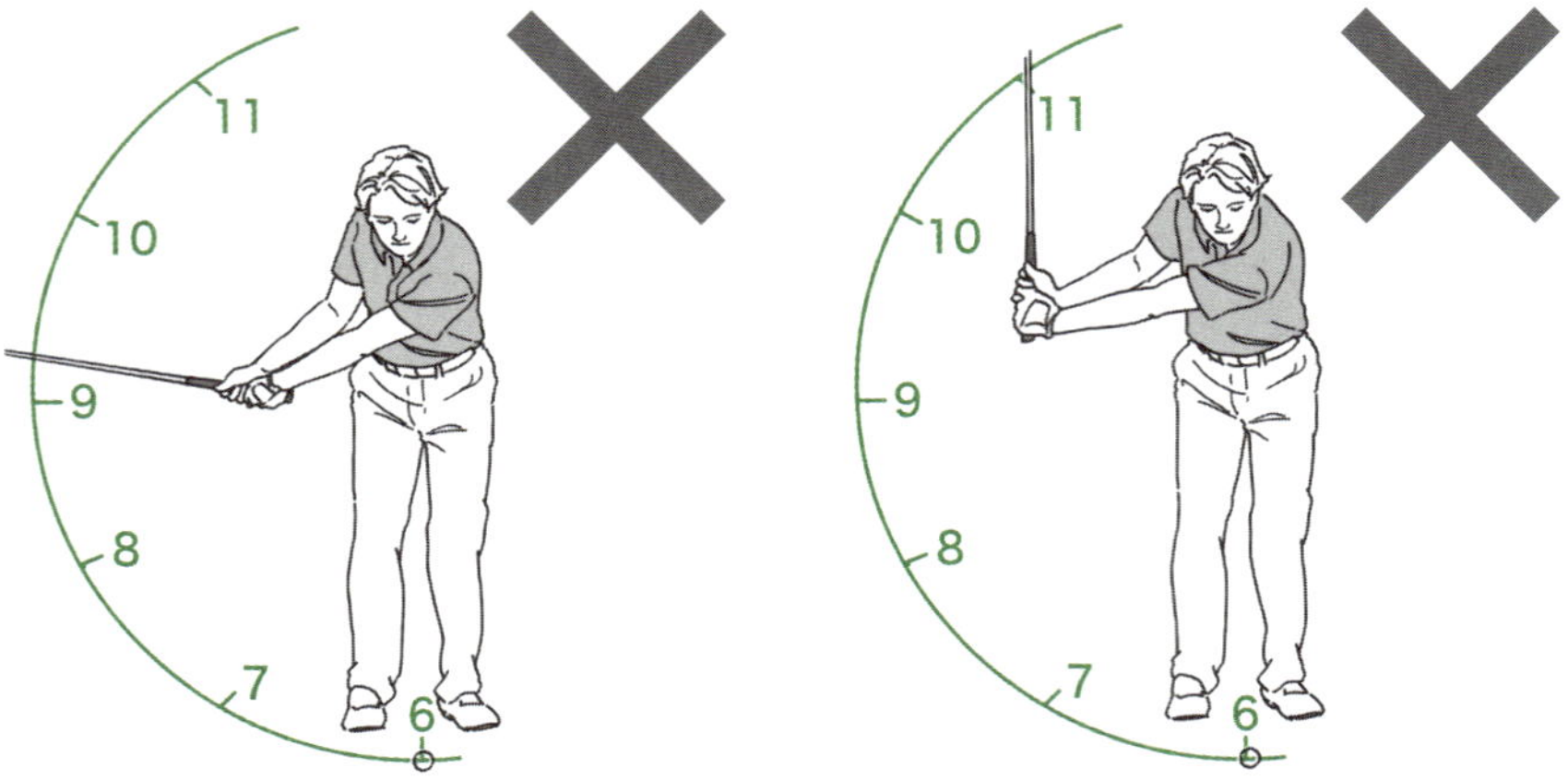

スイング（ヘッド）の振り幅で距離を打ち分けようとしてはいけない！キャッチボールでも、投げる距離に応じて腕の振り幅は変えないはず。アプローチは特にグリップを変えたり、ヘッドスピードの加速感を変えたりするので、ヘッドの動きの大きさとヘッドスピードは必ずしも比例しない

ゴムティーをクラブのソールで正確にこする素振りは、思い通りの打点で打つための最適なドリル

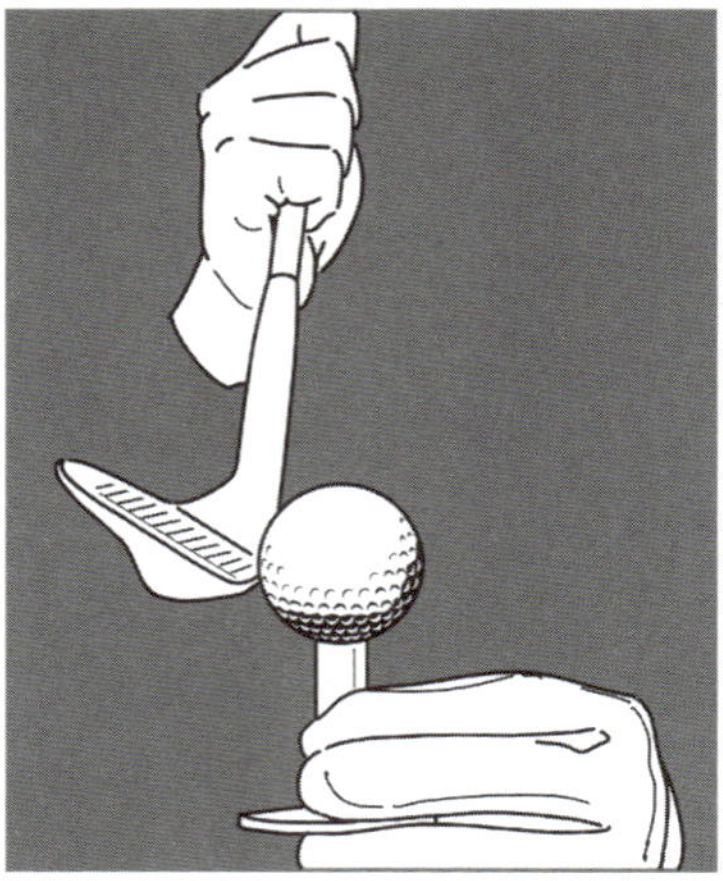

ボールを置いて、ゴムティーに触れないつもりで、ボールだけをクリーンに打つ。ロフトの多いクラブは、フェースとボールの接点がかなり下にくるので、正しいヒッティングポイントがつかめるようになる

距離感というのは、文字通り感覚の世界です。これは練習と経験の積み重ねによって自分自身で確立していくしかありません。

　なぜなら、アプローチは羽子板のように角度（ロフト）に対して単純にぶつかるスピードだけで距離や弾道がコントロールできるわけではなく、スピン量というものが深く関わってくるからです。

　もし、真っ平らなところから常に同じスイング軌道でボールをクリーンに真芯で打つことができれば、スピン量がほぼ一定になるのでキャリーやランの計

コースのアプローチ練習場のように生芝から打てて、ピンに向かってアプローチ練習する場合は、グリーンまわりにランダムにボールをばらまく。
ばらまいたそれぞれのボールは、ピンに向かって距離もライや傾斜もすべて違う状況になるはずだ。
そこから1発ずつ、どのように寄せていくかを考えながら、ピンに向かってアプローチ練習をする。初めて出合うボールの状況に対しての対応力が身につく

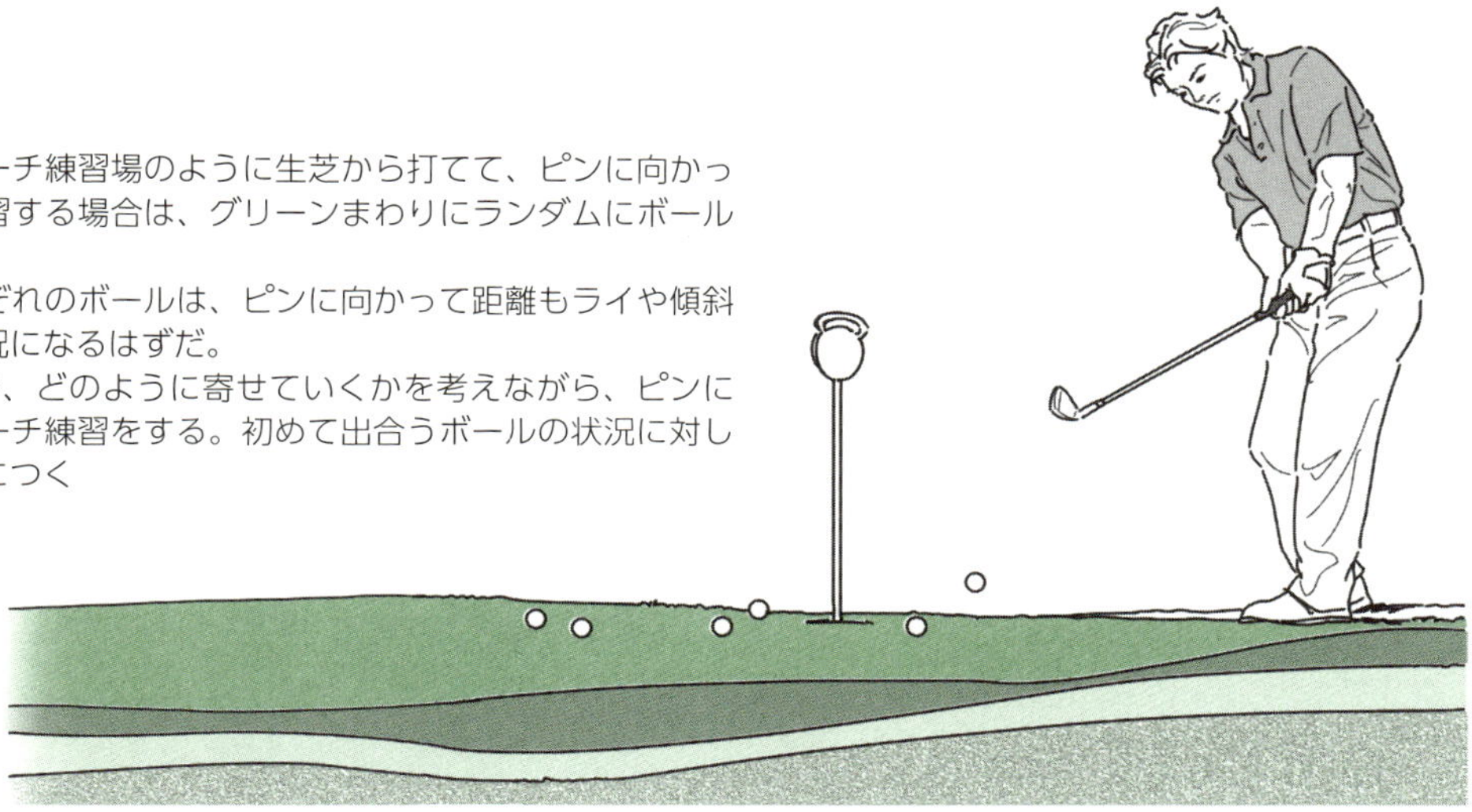

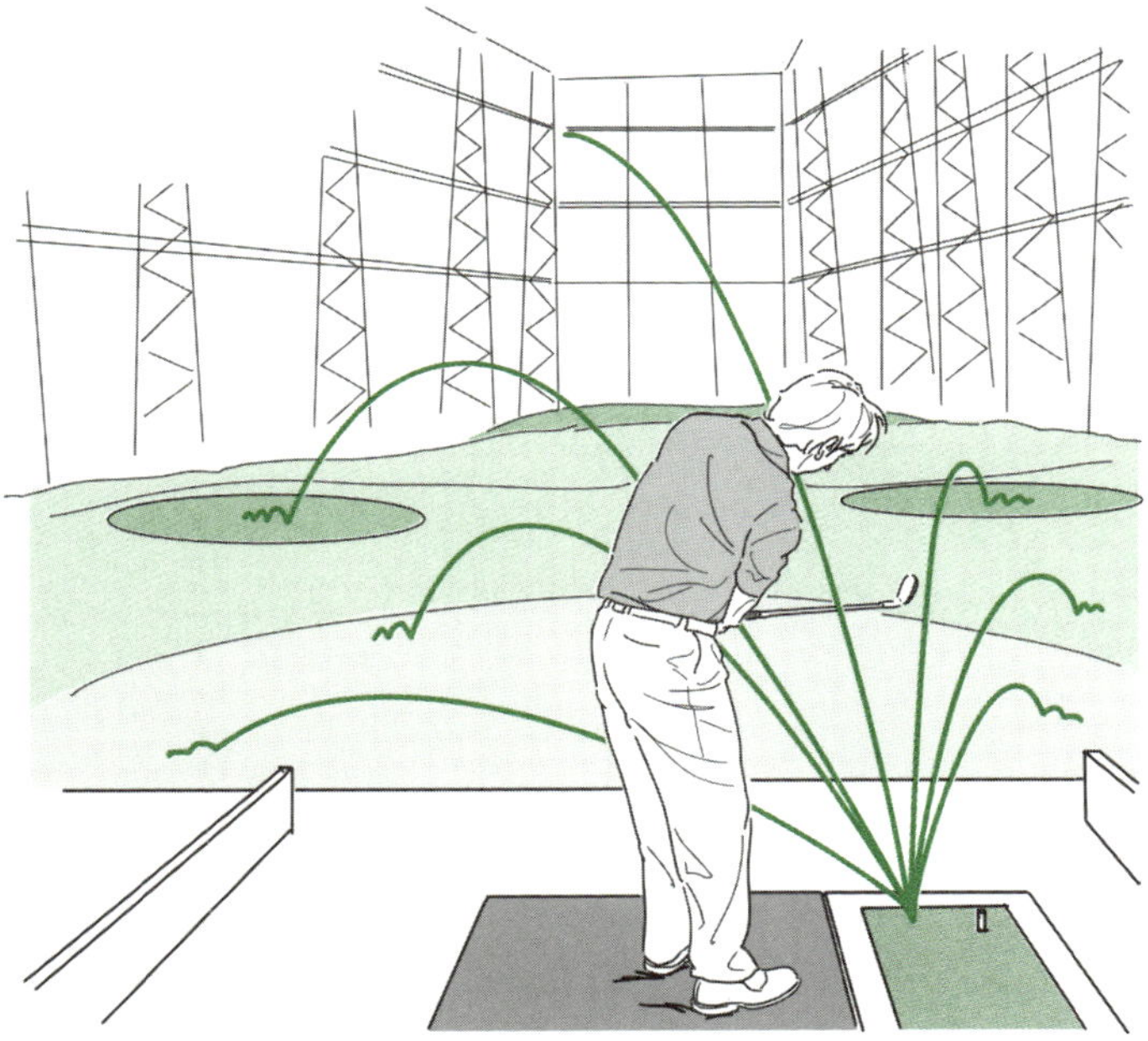

打ちっぱなしの練習場では、打席の位置が動かないため、アプローチの距離感や球筋をイメージしながら、練習場にあるグリーンや距離表示の看板などの目標物だけでなく落ちているボールも含めて、1発ごとにいろいろな距離と方向に目標設定してアプローチ練習を行なう

算もできます。

しかし、打つところが傾斜地やラフの中だと、その状況や当たり方によってスピン量が変化するのでコントロールがとても難しくなります。

そこを克服してアプローチ感覚を習得するためには、生芝の上でいろいろな状況に合わせて練習するのが理想的ですが、インドアの練習場においてもかなり克服できる方法があります。

それは、決まった看板までの画一的な距離を打つだけでなく、常にいろいろな番手で一発ずつ目標や距離を変えて打つことです。

そして、人工芝のグリーンマットからは打たずにアプローチでもゴムティーにボールを乗せて、しっかりと緻密にフェース面のミートポイントを意識しながら練習することです。

打ちっぱなしの練習場に通い詰めても、
なかなか練習できないのがバンカーショットとパッティングです。

しかし、スコアの内でショートゲームの占める割合は
7 割近くと言われています。

本来、効率の良い練習とは実戦の頻度に応じて
練習量が比例しなければならないはずですが、
現実にはそれが難しい状態になってしまっているのです。

そして、ラウンドでその場面に遭遇すると、
うまくいかずに悩みは増えるばかり。
でも、実はコツをつかんでしまえば、
いちばん練習したくなるのがバンカーショットとパッティング。

理論がわかれば、ラウンドに行きたくてウズウズする
気持ちになってくるはずです。

04

バンカー&パットの悩み解消

LESSON 16 ガードバンカーは、ボールの下にクラブを投げつければ良い

すくい上げようとしてもダメ

ボクの苦手はショートアプローチとバンカー。それが最近、金谷プロのレッスンの効果が出てきた。バンカーショットが、俄然うまくなってきたのデス。

ガードバンカーは今まで、ボールすれすれの手前にクラブのヘッドを入れる。なんてことを思っていたのだが、全然うまくいかず、手前になりすぎてザックリ、ボールはまだバンカーの中。

または、カキーンとトップして反対側のバンカーにまたドスン、なんてことばかりだった。

金谷プロの教えは、かなり簡単なことだった。

それはクラブをボールの下に投げつける——というもの。

初めは言ってることがよく理

投げつけることで鋭くて強いパワーが伝わる

解できなかったが、プロが実際にクラブから手を離して砂に向けて投げつけるようにしたら、ヘッドがビシッとボールの下に入り、ボールはきれいにバンカーから飛び出しピンにピタリとついたではないか。

コツはアドレスのとき、両腕を伸ばし、伸び切ったところにボールを合わせ、それから少し腕を縮めテークバックする。そしてボールの下を狙ってクラブを投げるようなつもりでスイングすること。

これ、文章で書くと結構難しそうだが、1、2度失敗しただけで後はうまくボールの下にフェースが入り、自分だけではなく、まわりの人たちも驚くような球筋できれいにグリーンにオンしたではないか。

そして距離の調節はテークバックの大きさ、もしくはフェースの開き方でするのだそうだ。

金谷プロの
ワンポイントアドバイス

現象と打ち方のコツが理解できればバンカーはやさしい

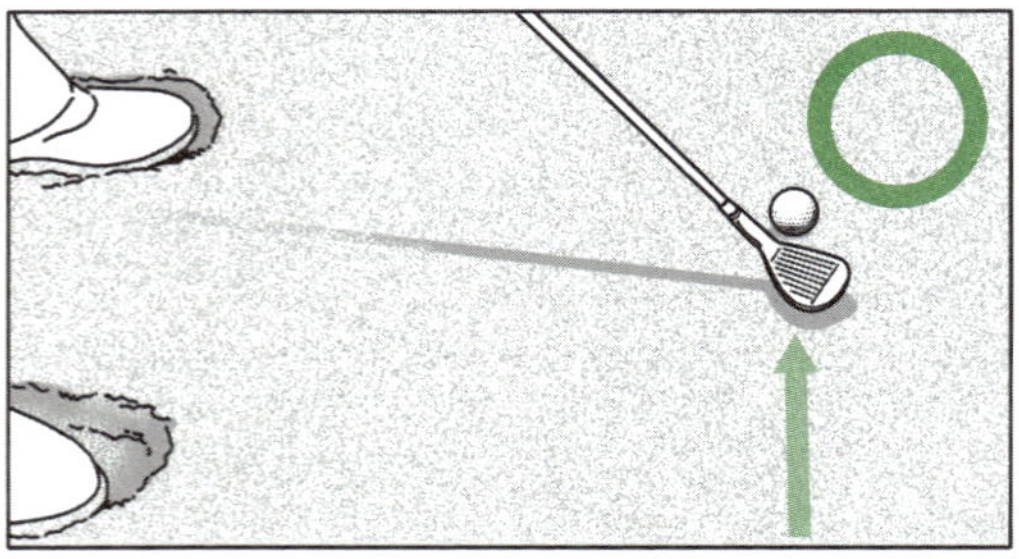

身体の構えはほぼスクェアで良い。手の中でシャフトを回すようにしてオープンに握り、フェースだけ目標より少し右に向ける。スイングはあくまでも構えた向きにスクェアに振り、砂を目標方向に真っ直ぐ飛ばす。ボールは砂の飛ぶ方向に真っ直ぐ打ち出される

フェースを開いてオープンスタンスで構え、カット軌道で打ってしまうと、打った後の砂の取れ方もアウトサイドインになって、ボールは左に飛び出すか、ヘッドの先でボールをかすめるようにくぐり抜け、まともに飛ばない。アプローチのオープンスタンスとは考え方が違うので要注意！

　多くのアマチュアがバンカーショットで悩んでいる原因のひとつに、「オープンスタンスに構え、フェースを開いてカットに打つ」という打ち方の勘違いがあるようです。フェース面でクリーンにボールをヒットしないバンカーショットは、フェースとボールの間に砂が挟まるために、フェースの向きに関係なく、クラブヘッドが動く方向、つまり砂が飛ぶ方向にボールが打ち出されるのが真実。

　バンカーショットは、目標方向に対して身体はスクェアに構え、状況に応じてフェースだけを目標の右に少し開くのが正し

インパクトを想定したポジションから、肩や腕だけでクラブをつり上げて、ソールしないように構える

インパクトは、ボールの手前に向かって打ち込むのではなく、ボールの下のティーをリーディングエッジでカットする（切り取る）イメージで、ボールの真下を潔く振り切る

クラブヘッドの動く方向、すなわち砂の飛ぶ方向にボールは打ち出される。このとき、フェースの向きは関係ないので、ボールを飛ばしたい方向に、ボールの真下に向かってクラブを投げつけても、自然にボールは打ち出されるのだ

い構え方なのです。

だから、ボールの下に向かってクラブを投げつけても、ヘッドの向きに関係なく投げつけた方向にボールは飛び出すのです。

そして、スイングのコツですが、まず、アドレスは腕が伸び切ってインパクトを迎えたときにヘッドがボールの下の砂の中まで届くような間合いを想定して構え、腕はヒジが少し曲がるぐらいゆとりを持って、クラブをつり上げるようにしてソールを浮かせます。そして、ヘッドの重さを感じながら、インパクトに向かってクラブを投げつけるつもりで腕を伸ばし切って振り抜けば、自然にヘッドがボールの下をくぐり抜けるのです。決して、ボールの手前の打ち込むところを意識して、ヘッドを鋭角にたたきつけるようなスイングにはなりません。

● バンカーから出すだけ、はもう卒業

LESSON 17 バンカーだからサンドウエッジと決めつける必要はない

ピンまでまだ30～40ヤードはあるなあ……
マイッタなあバンカーから出すだけなら自信があるけど
30～40ヤード飛ばすのは……
ま、運を天に任せて!!
カキ
OBでーす
しまったグリーンに打ってしまった!!

ボクはバンカーが大嫌い！　それまで順調にラウンドしていても、途中でバンカーにつかまると決まってそこから乱れてしまう。

グリーンまわりのバンカーももちろん嫌いだが、もっと難しいのは、少し離れたところにあるバンカー。残り距離が30～40ヤードあると、たとえうまく出たとしてもグリーンに乗る気がしない。

技術が未熟なボクが、30～40ヤードのバンカーショットでできることは、サンドウェッジでとにかく思い切り打つこと。でも、うまくいったためしがない。クリーンに当たってしまってホームランや、それを怖がって大ダフリがほとんどなのだ。

そんなボクを見かねて、金谷プ

40ヤード残していたら、ピッチングのほうが楽

北見さん
クラブは何を
使いました？
えっ？
もちろん
サンド
ですが……
もしグリーンまで
100とか150ヤード
あったら
どうします
そういうときは
9Iとか
5Iを使い
ます
でしょう？
ですから
グリーンそばの
バンカーだからといって
なにもサンドウエッジで
打たなくても
ピッチングや
PSで打つほうが
楽に距離が
でますから……
あ
そうか
どうも
グリーンまわりの
バンカーは
サンドウエッジと
頭で決めつけて
いました

ロがアドバイスしてくれた。距離があるバンカーはサンドウェッジではなくて、PSやピッチングで打ったほうが簡単とのこと。でも、バンカーはサンドで打つものじゃないの？ いやいや、そういう思い込みがいけないんだそうだ。

サンドウェッジのソールは他の番手より出っぱっているが、これは「バンス」といって砂を弾くためにつけられている。ボクはこれがサンドにしかないと思っていたが、サンドほど大きくないにしろ、普通はどの番手にもついているらしい。

だから、PSでもピッチングでも砂を弾いてくれて、バンカーから見事にボールが出る。30～40ヤードのバンカーだったら、ピッチングを使って、サンドで20ヤードくらい打つときと同じ加減で打てばいいと金谷プロは教えてくれた。これなら大振りしてミスすることもない。

LESSON 17

金谷プロの
ワンポイントアドバイス

シンプルに考えれば脱出の確率も高くなる

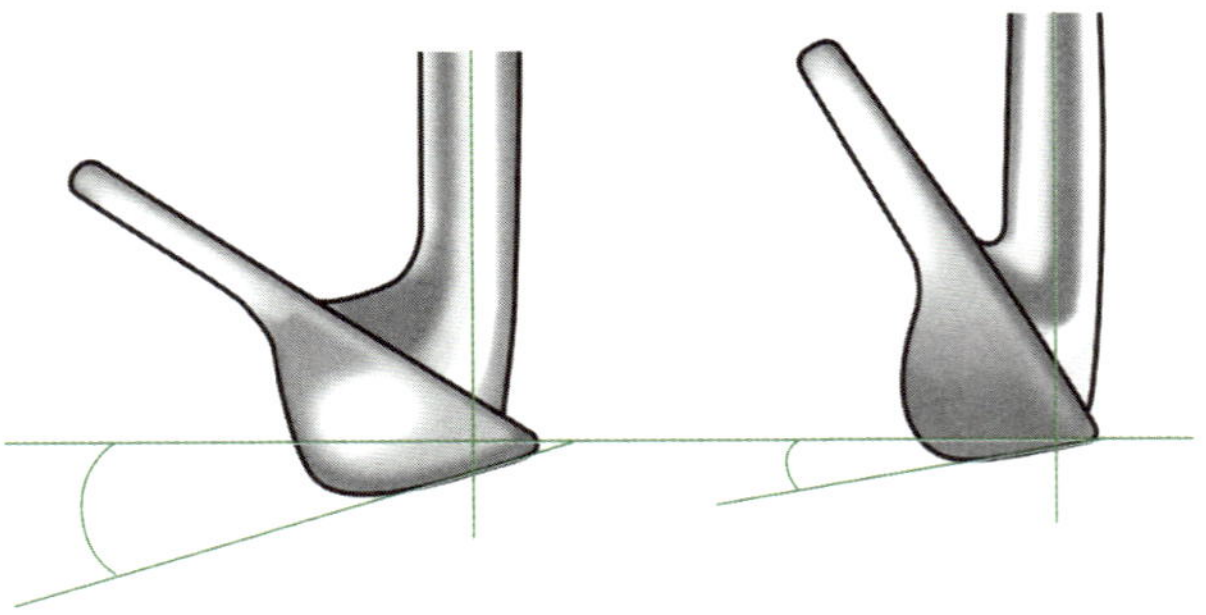

SWでなくとも、すべてのアイアンには一般的にちゃんとバンスがある（ロフトの小さいクラブほどバンス角も小さい）ので、フェースの開く度合いで調整すればSWと同じようにバンスを使える。だから、距離のあるバンカーショットなどはSWにこだわらず、ロフトの小さいクラブを使えば、バンスを効かせながら飛距離を出せるので、脱出しやすい

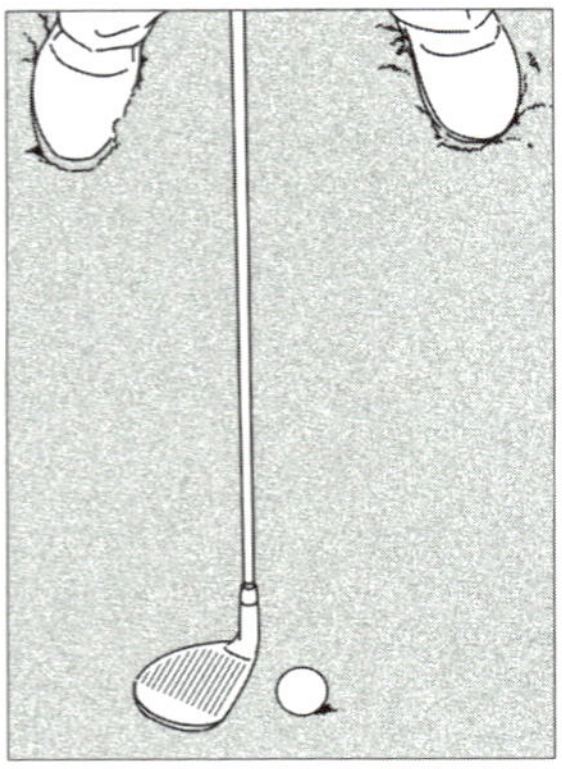

●バンカーショットをコントロールするための3要素

1 フェースの開き加減（ロフトの角度）
2 砂を取る量（この量をコントロールするのは難しいので、アベレージゴルファーは一定で良い）
3 インパクトのヘッドスピード（振り幅）

バンカーショットでフェースを開くのはなぜか。サンドウェッジにはソールにバンスという角度がついているために、スクェアに構えていても、そのバンスの効果でヘッドを砂に打ち込んだときに、深く入りすぎず自然に振り抜けるようになっています。

それでもフェースを開く理由はふたつあって、ひとつはロフトをより大きくすることで打ち出し角度を高くし、スピンをより多くかけるため。もうひとつはフェース面の向きを軌道に対して正対させずに開くことによって、振り抜くときの砂の抵抗

バンカーに長方形に切った紙（ティッシュなど）を置き、その端から1/3ぐらいのところにボールを置く。紙をすくい取るように、潔く振り切る。
バンカーでなくとも、芝の上にティーを刺して、その上に紙を乗せ、ボールを置き、だるま落としのように振り抜いても良い。練習場でもゴムティーを利用して、バンカーショットの練習ができる

だるま落としのように紙だけスパッと抜いて、ボールは前へ飛ばさないように振り抜けばOK！

を軽減させるためです。

そして、ボールを思ったところに運ぶには、フェースの開き加減（ロフトの角度）と砂を取る量、そしてインパクトのヘッドスピードという3つの要素を状況に合わせて調整していくことがポイントになります。

プロの場合は、この3要素すべてを緻密に微調整するわけですが、一般的にはフェースの開き加減と砂を取る量は一定にしておいて、スイングの大きさを変えてインパクトのヘッドスピードだけで調整するのがおススメです。

このシンプルな打ち方をしながら、ピンまで距離がある場合はSWからAWやPWに持ちかえることで、同じ開き加減でも第一の要素であるロフトが小さくなるので自然に距離が出るようになるわけです。

LESSON 18 パットは予想したラインに乗せることが第一歩

パットを大事に!!

このところの北見さんのスコアは101と102…惜しいですねえ
グシュン
特に惜しいというか残念なのが3パットが1ラウンドで5～6あることです
ハア
それが2パットで収まれば、そして2パットが1パットで収まれば
90台前半で回れる可能性があるんですよ
ラウンドしてて気がついたのですが北見さんは
？
ロングパットのとき近くに目じるし(スパット)を決めているのはいいのですが
スパット

このところのスコアは、101、102と惜しいところで100を切れていない。100を切れない原因はパッティングなのだ。

金谷プロに言われた。「北見さん、ロングパットのとき近くに目じるし（スパット）を決めて打つのはいいんですが、いざパットをするといきなりカップのほうを向いてしまって、スパットの上を通そうとする気がありませんネ」

そう言えばたしかに。ボクは長いパットのとき、一応ラインを読んで「この傾斜だからこのへんを通って、こう曲がって入るな」と、目の届く近いところにスパットは決める。そしてそこにフェースを合わせて、その上をボールが通るようにパッティングすればい

ライン上の目じるしの上を通すつもりで

いのだが、いざ本番となると遠くにあるカップのほうに意識がいってしまい、せっかくのスパットが何の役にも立たず、打ち出す方向が大きく狂って、3パットになってしまうのだ。

なんたって3パットが1ラウンドで5、6回あるのはスコアメイクには痛い。1パットで入ることもめったにないのだから、確実に2パットで収めたいわけである。

プロに言わせると、アマチュアがパット下手なのは、打ち方ではなく、イメージと集中力に問題があるらしい。どういうラインで、どんな強さで打つか。まずこれを頭の中でハッキリさせる。

そして、ボールを打つことではなく、カップに入れることに意識を集中させる。このふたつができれば、どんな人でも目標（カップ）から大きくはずれることはないんだそうだ。

LESSON 18

金谷プロの
ワンポイントアドバイス

実戦に基づいたシミュレーションが必要

スコアの約4割を占めるのがパッティング。

90を切りたければ2パット平均の36パットの壁を破るチャレンジが必要です。

そのためにはラウンド前の練習グリーンでのパッティング練習の方法がポイント。

ボールを箱から3個出して地面に並べ、連続的に打って練習をしている人がよくいますが、これが問題です。

プレー前の練習グリーンではボール1個で練習するようにしましょう。

具体的には、いろいろなラインや距離を選んでカップを狙

●練習グリーンでスタート前に行なうこと

01

ボールを3個並べ、目標を設定せずに下を向いたまま、3個続けて同じストロークで連打する。すべてが同じ距離で止まったら、同じミート率で打てているという証。ストロークの動きと、芯に当たっているかどうかが確認できる

02

ボールをカップに向かって同一線上に置き、カップに近いボールから順番にカップインしていく。だんだん距離が遠くなって、ストロークの振り幅が大きくなっても、リズムとテンポを変えずにストロークする。ショットのスイングと同様に、振り幅が変わってもストロークの時間は同じだ

03

仕上げはボールを1個だけにして、実際のラウンドと同じようにマークをして、ラインを読んで、というルーティンを行ないながら、ランダムにいろいろな距離やラインでパッティングをして、最後まできっちりとホールアウトする。これを数回繰り返せば準備OK！

●ストロークのイメージは？

ショットと同じ4拍子のリズムで、テークバックからインパクトまでの動きのタイミングをつかんでみても良い

い、3パットなどをしたとしても必ず1回ずつホールアウトしながら、実際のコースのときと同じようにマークをすることから始めます。

そして、ボールをリプレースした後はラインを読んで、素振りをして、というように本番と同じルーティンで練習します。

これを、数回目標を変えながら行なっていくとプレーヤー自身の感覚でタッチや距離感がつかめるようになってくるのです。

パッティングもショット同様に1発目が勝負。やり直しはできません。

1球だけを使う、高い緊張感の中でのパッティング練習こそが実戦で生きるミスパット防止のための方法なのです。

LESSON 19 勘に頼ったパッティングでは上達しない

パットの素振りは本番と同じ大きさで

よーし
真っ直ぐな
ラインで
やや上り
入れるぞ
コンッ
アラーッ
えらい
ショートだ!!
北見さんの
パッティングは
素振りより
実際は
打つときのほうが
小さい振りに
なっていますね
?
このくらいの
振り幅でと
思って
素振りを
したのです
から

なんとか3パットの数を減らさなければ……。

ショットの練習は練習場でいくらでもできるが、パットの練習はなかなかできない。そう金谷プロに言ったら、「いや、部屋のジュータンの上でもできます」と言われた。

要するにパッティングのフォームを固めるための練習だそうだ。ボールに対する足の位置、肩の動きなどなど、自分にいちばん合ったパッティングフォームを身につけることによって、本番でも自信を持ってパットができるようになる——と。

たしかに上手な人はパットに対する執念が深い。ジーッとラインを読んだり、カップの反対側に

素振りと本番でストロークを変えてはいけない

回って傾斜を見たりする。ボクより数倍上手なウチの奥さんなんかは、こっちがイヤになるくらい長時間ラインを読む。

だからボクは逆にあっさりパットをしてしまう。プレーの遅い人と一緒のときもいつもそうで、それだけ自分のゴルフより全体の進行を考えてしまう性格なのである。これはスコアメイクには絶対良くない性格だ。

で、問題のパットであるが、目下試行錯誤、パターを何種類と試しているが、なかなかコレというパターに出会えない。

パットはコースに出ないと結果がわからないし、同じ練習でもショットの練習より面白くない。でもパットがうまくならないとスコアは縮まらない。

ショットの練習がウサギならばパットの練習は亀のようなものだ。亀になりきってコツコツと3パットを減らしていこう。

LESSON 19

金谷プロのワンポイントアドバイス

最新パターが良いとは限らない

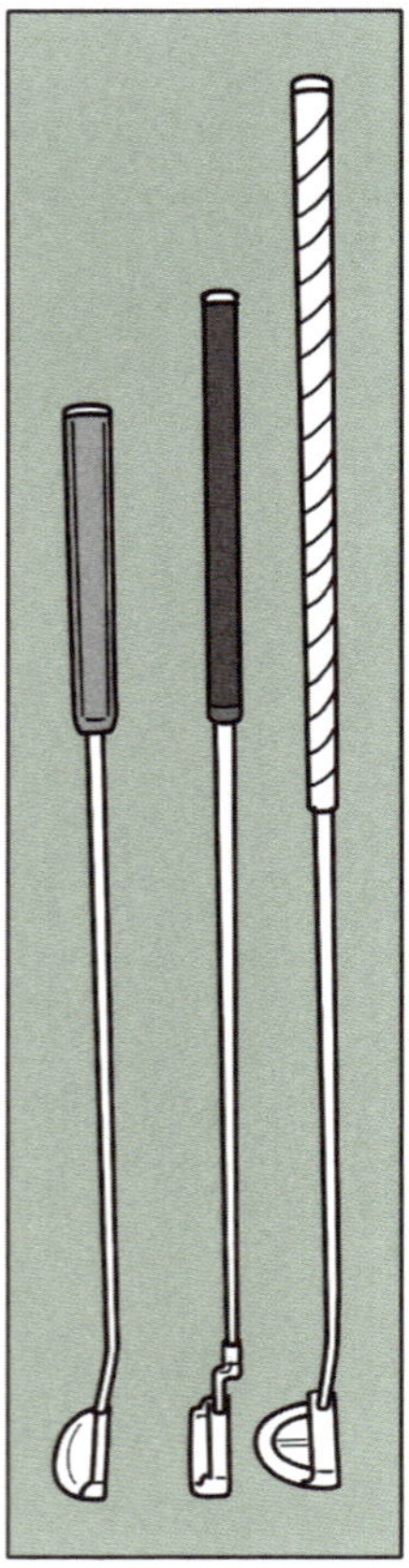

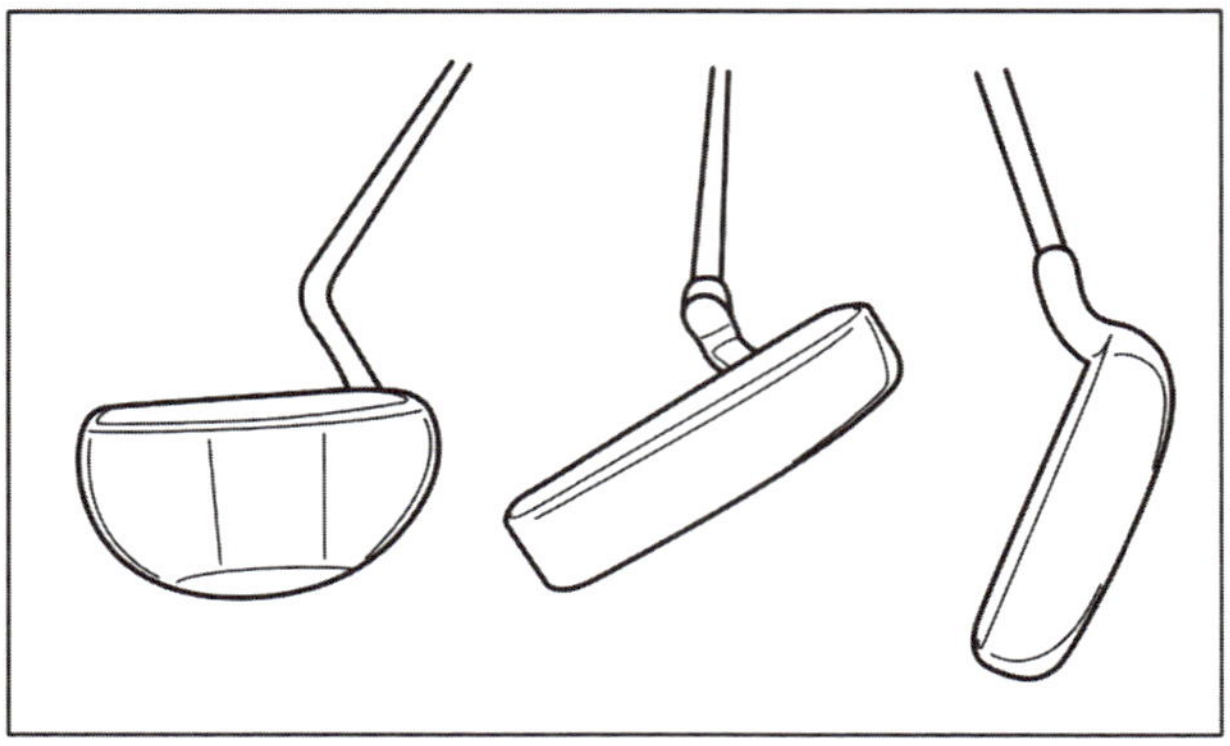

パターは、流行や形に惑わされないように！重心の位置によってフェースの傾きが違い、その中で自分に合うタイプは普遍的に変わらないと思っていい

ルールの範囲で、一般的な長さにこだわらず、自由に選べるのもパターの特徴だ

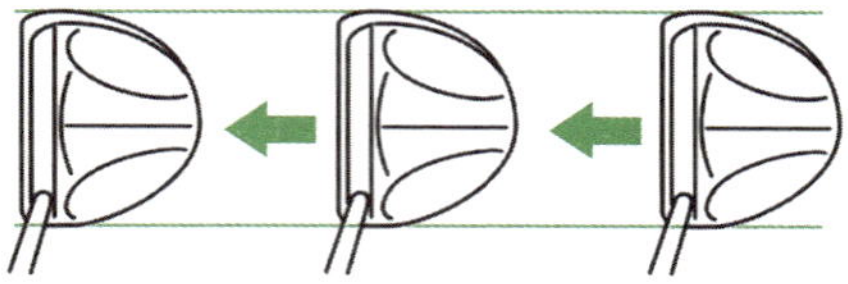

フェース面が水平なパターは、一般的にストローク軌道は直線が合っている

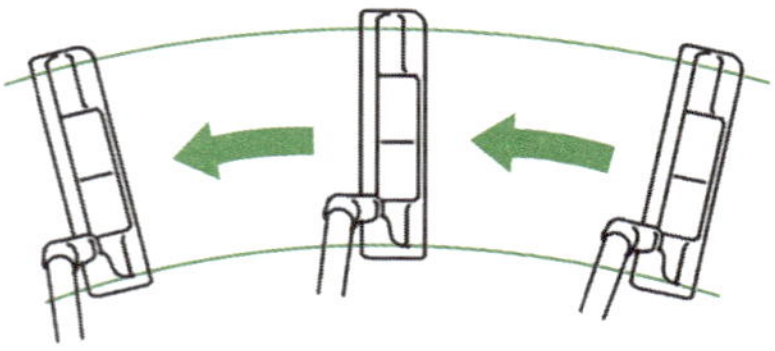

フェース面が水平にならず、トゥ側が重いパターは、他のクラブと同様に円軌道が合っている

パターの種類は単に形ではなく、重心の位置で区別されます。大きくは2種類ですが、そのひとつがシャフトの支点でバランスを取ったときにフェース面が水平になるモデル。このタイプは、ツーボールパターやセンターシャフトパターに代表されるように、シャフトの延長線上に重心があります。

特徴は、ストロークが安定してタイミング良く打てるので距離感がつかみやすいというところ。しかしその反面、重心が中心にあってヘッドが回転しやすいので、左右に芯をはずしてミートすると、フェースの向きが

パッティングにおける「ボールの位置は目の真下」の意味は？

01

正面から見て、自分の利き目の真下がフェースとボールの接点になるようにする

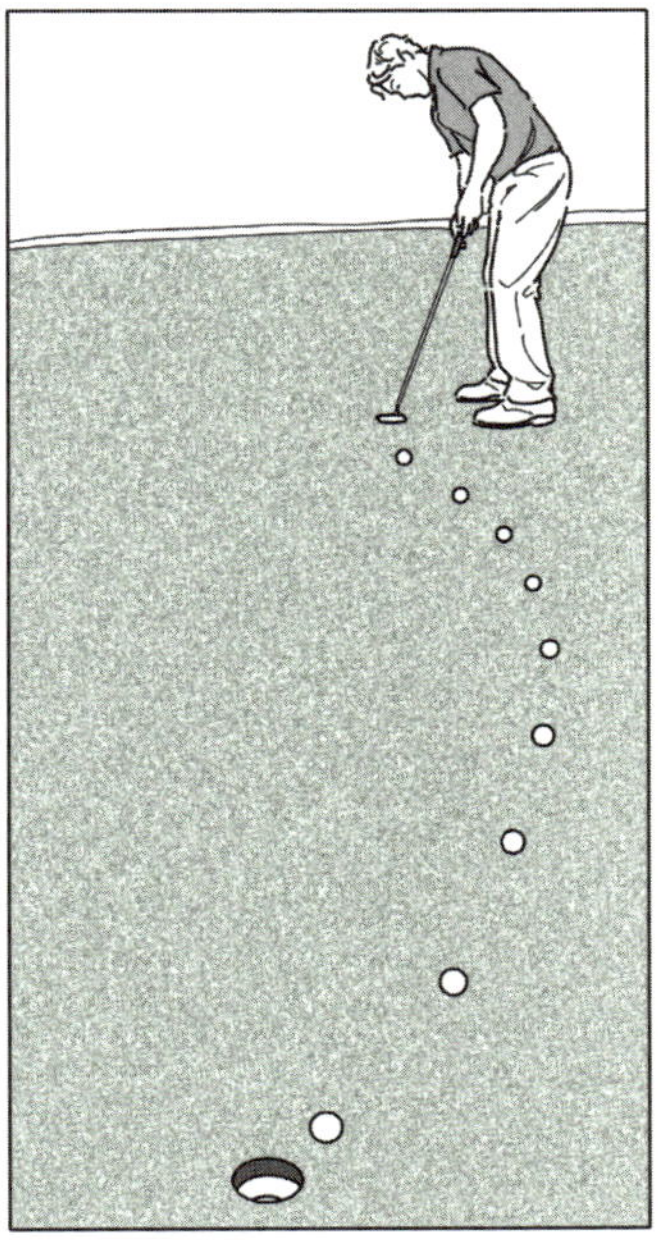

ラインが読めたら、自分が打つボールの転がりの強さに合わせて、ストロボアクションのようにライン全体をイメージすること！
決してカップ何個分とか、キャディの足を狙うとか、目標を一点にしないようにする

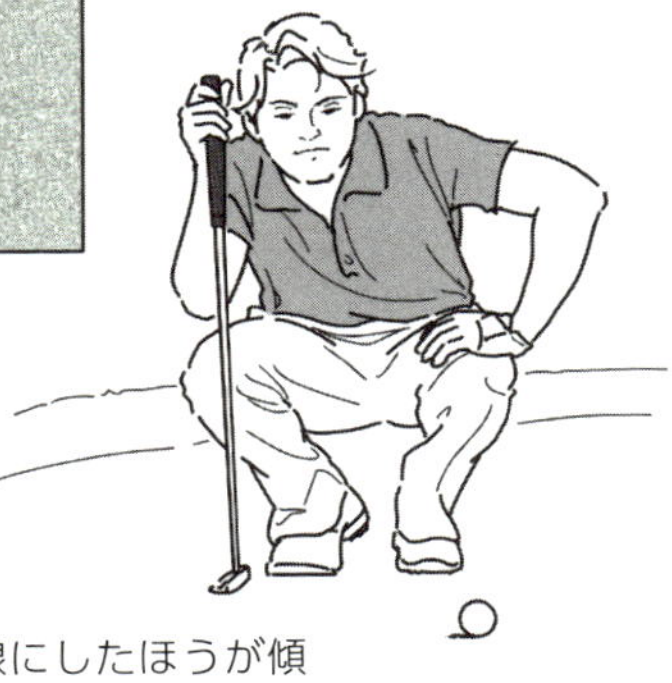

低い目線にしたほうが傾斜がよくわかり、ラインが読みやすい

02

飛球線方向から見たときの目の真下とは、ボールを落としたときのように重力に沿った真下ではなく、傾斜地から垂線を引いた真上に目がくるようにするのが正解！

簡単にブレてしまいます。だから、常に芯でとらえる正確なミートが必須条件です。

一方、マレット型やL字型、ブレード型のような、シャフトの支点でバランスを取ったときにトゥ側が下がるパターは、シャフトの延長線上よりもトゥ側に重心があるモデルです。このタイプは、ミスヒットしても、ミートした部分がシャフトの付け根とフェースの芯までの間、つまりヒール側でミスしていればフェースの向きのブレが少ないというメリットがあります。

ですから、芯に当たる確率が低い一般ゴルファーの場合、このタイプのほうがパット数は減るかもしれないのです。

パター選びでは、評判に惑わされず、自分に合うパターを見つけることが大切です。

ゴルフにおける１打ごとの状況は、一期一会の世界です。

人生で初めて出会った状況からのショットを、
その都度、積み上げていくのがゴルフの真髄というもの。
決して、練習場のようにうまくいくものではありません。

他のスポーツなら、普段の練習通りのプレーが
本番でも求められるわけですが、ゴルフの本番はまったくの別物。
だから、ゴルフは苦しい我慢のスポーツなのです。

その中で、少しでも有意義に楽しく、
フレンドリーにプレーする術が身につけられれば、
本当のゴルフの醍醐味に気づくことができるようになるでしょう。

05

マネジメントで
スコアアップ

LESSON 20

ミスを挽回しようと考えてはいけない

ゴルフはミスのゲームです

風もなく暖かい絶好のコンディション。いつも仕事で一睡もせずにゴルフ場に来るのに、今回は3時間ほど眠ってこられた。今日こそ満を持して好スコアを！　気力充実、体調万全。

が、スタートすると全然ダメ。ミスの連発、なんとかしなきゃと無理をするとミスの上塗り。金谷プロに申し訳なくて目を合わせるのもツライ。一生懸命教えてくれているのに成果が一向に出てこない。自分は性格的にゴルフに向いていないのでは……。

プレー後、金谷プロに言われた。「北見さん、失敗を引きずって悪いほうに悪いほうに考えがいってませんか。ゴルフはミスのゲーム。一日中ベストショットで回

ショット前のプレルーティンをいつでも一定に

ゴルフに失敗はつきものです
プロのトーナメントでもアマチュアと同じようなミスショットが出ることもあります
へぇープロでも
でも大事なのはそれからの気持ちの切りかえ
失敗したことは仕方ないのですから気持ちを入れかえてリラックスして
楽にクラブを振っていくことです
そのほうが結果的に良くなるものです
ゴルフは失敗のゲームくらいに考えてリラックスした気分でしましょう
ハイ
ザクッ

ることは、一流のプロでもできないことなんです」

そのひと言を聞いてボクはホッと気が楽になった。ボクは責任感が強いほうだ。だからミスをするたびに申し訳ない、このミスを取り返さねばいけないと考えすぎていた。

ホントにゴルフはメンタルなスポーツだ。でも、メンタル面の影響を受けすぎるのは良くない。ナイスショットでもミスショットでも、次の1打には平常心でのぞまなければいけない。

それには、ショット前のプレルーティン（目標を確認したり素振りをしたりするショット前の一連の動作）をいつでも一定にするといい、と金谷プロが教えてくれた。常に同じ動作、同じリズムでアドレスに入ることで、実力をコンスタントに出しやすくなるのだそうだ。そうすれば、メンタル面の影響も出にくいらしい。

LESSON 20

金谷プロの
ワンポイントアドバイス

自分を窮地に追い込まずゴルフとお友達になる

ナイスショットは良い構えから生まれる!

そのためには、セットアップをルーティン化すること

両腕をダラリと下げたまま前傾し、スタンスとボールの位置をセット

右手でフェースを目標に向けてセット

ダラリとぶら下がっている左手の場所に、右手でグリップエンドをあてがう

左手の甲が自然にぶら下がっている角度のまま、左手のグリップを決める

左手の握った位置は動かさずに、フェースの向きと右手のひらをリンクさせてあてがう

しっかりと両手でグリップする

腕とシャフトの角度をキープしたままクラブを持ち上げ、肩とヒジも平行になっているかチェック

そのまま再度前傾して、ボールとの遠近を調整し、セットアップ完了!

一般ゴルファーは常にスーパーショットやベストスコアを求める傾向がありますが、これは世界一のプロでも不可能なことです。

逆に言えば上級者ほどミスを想定し、その傾向を頭に入れてプレーを組み立てていますから、自分自身のショットにはとても寛容でいられるのです。

ですから、なるべく1打ごとのショットを細切れに○（良い）、×（悪い）というふうに厳格に分けてしまわないことがポイントです。

しかも、多くのゴルファーは上達に向かって自分に厳しくし

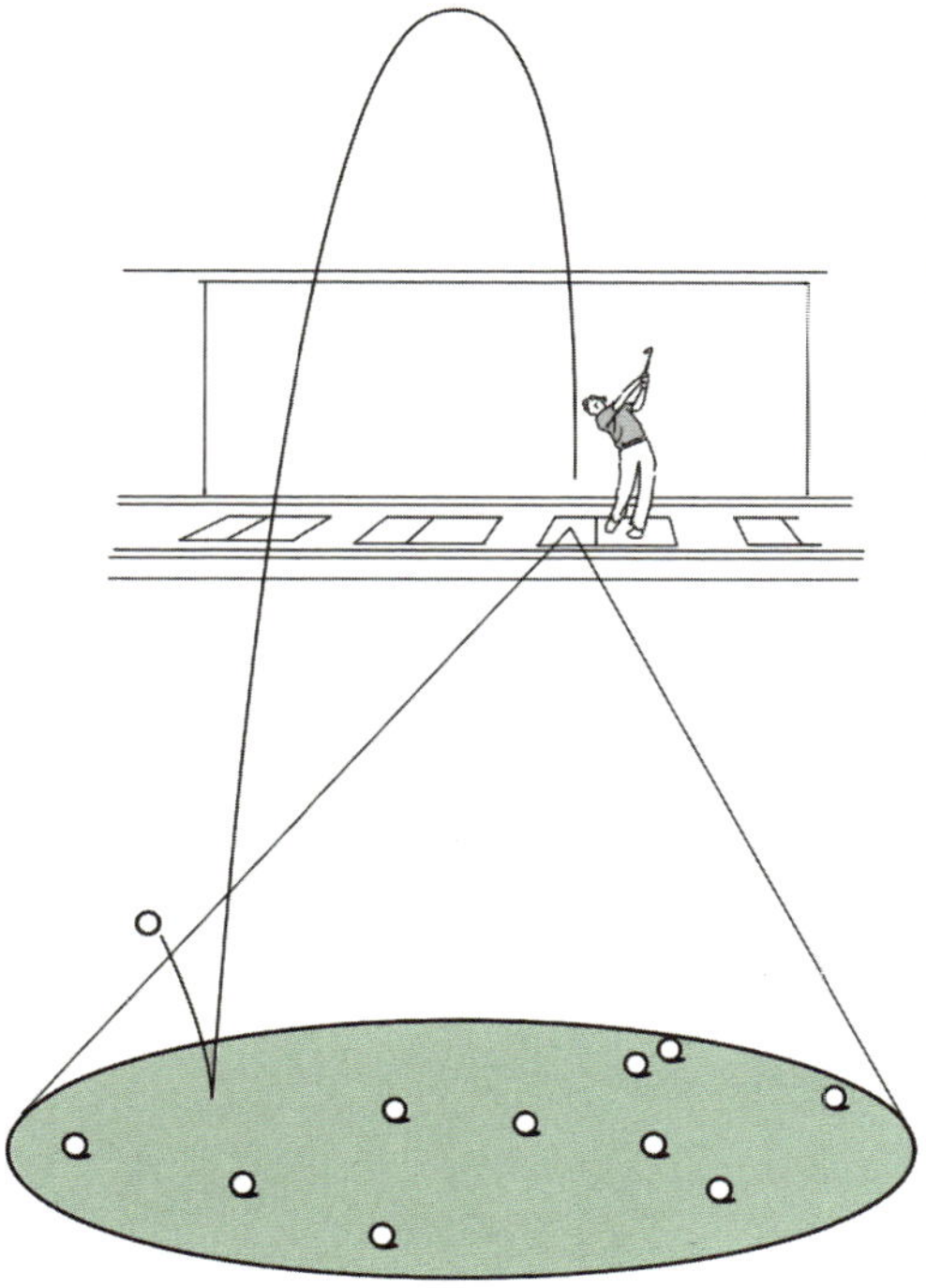

コースでショットの点数付けをするためには、日ごろの練習で、すべてのクラブに対して、数を決めて打ちながら、すべてのボールがどのぐらいの幅で散らばったのかチェックしておく。その幅が、自分レベルのサーチライトなのだ。自分のサーチライトを基準にしてコースマネジメントをすると、スコアメイクがうまくなる

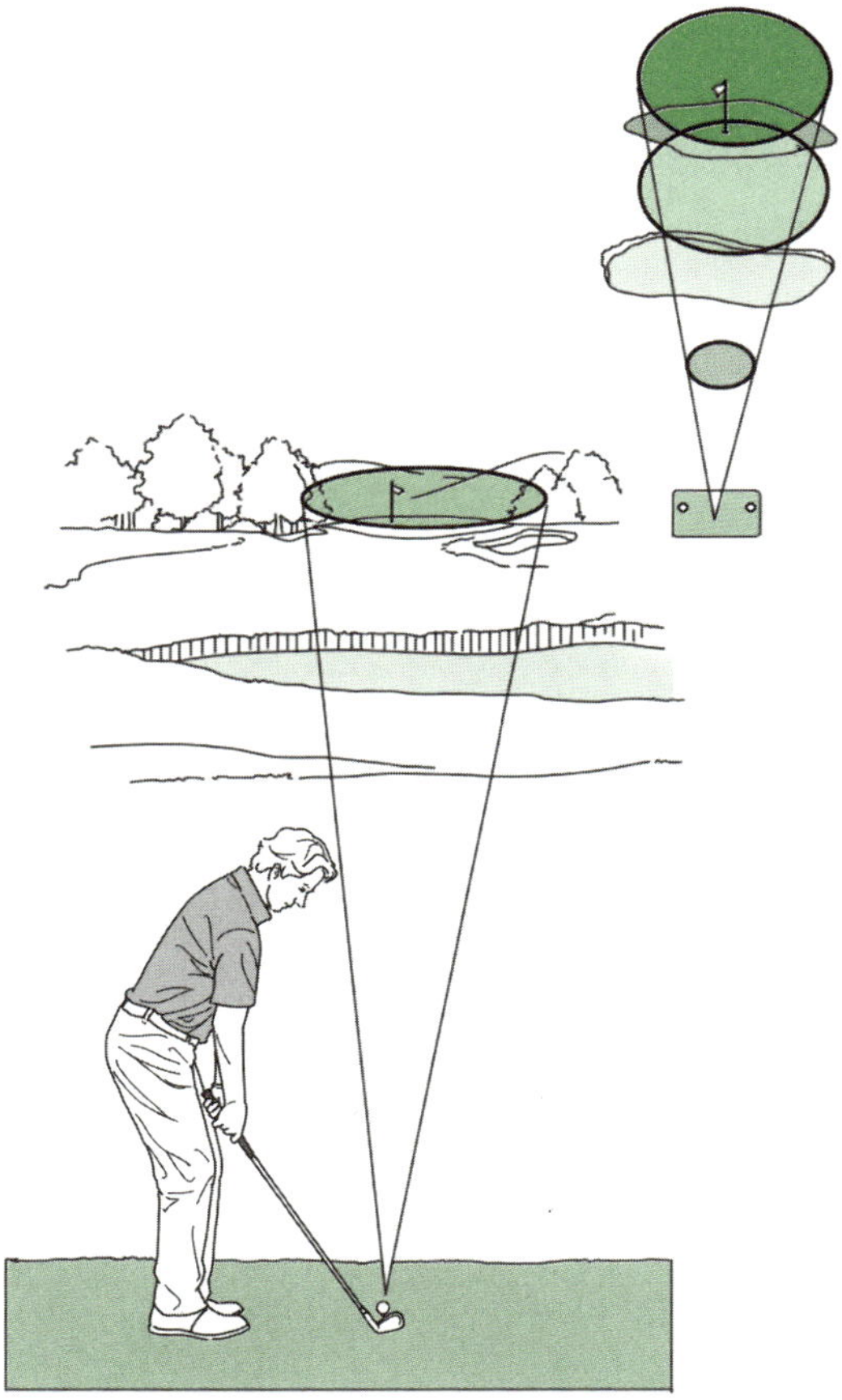

たとえば、池越えのパー3。番手ごとのブレ幅を考慮した、自分レベルのサーチライトをあてた範囲に池やバンカー、OBなど障害物がかかる場合、その番手クラブは使ってはいけない！

なければと思っているのか、納得のいく90点以上の良いショットだけを○として、それ以外はすべて×の評価を下して自己嫌悪に陥っているようです。

しかし、プロでさえ1日のラウンドの中で納得できるショットはほとんどないと言っていいくらいなのです。

厳しい採点レベルでの○×ではなく、あまり自分を厳しく追い込まずに100点満点で60点以上ぐらいはすべて合格点と決めておきましょう。

合格点の範囲でショットが継続できていれば「よしよし」と自分を許すように考えたほうが、プレーに流れが生まれてスコアメイクがずっと楽になってくるはずです。

●1ホール、1ホール新しい気持ちで

LESSON 21

過ぎたホールのミスを引きずってはいけない

猛暑の北海道でのラウンドレッスン。スコア98だった。

そのとき、金谷プロが貴重なアドバイスをしてくれた。それは「終わったホールのことは忘れて、次のホールを新しい気持ちでプレーすること」。

それを言われたとき、ボクはハッとした。というのは、気にすまい気にすまいと思いながらも過ぎたホールの結果を引きずり、ダボ、ダボ、トリプルとくると、次はそれを取り戻そうと、パーとかバーディとかとんでもないことを考え、逆に気負いすぎて再びトリプルなんてことの連続だったからだ。

以前、ボクは野球とゴルフを比べてこう思った。野球はこの打席

ダボもトリプルも終わったこと。次のホールは気分を入れかえて

北見さん
そういう
考え方では
良いスコア
メイクは
できま
せんよ
エッ!?
前のホールの
結果を
引きずら
ないこと!!
1ホール
終わったら
その結果は
忘れて
新しいホールを
新しい気持ちで
攻略する
そこで
全力を
尽くして
プレーする
そうする
ことによって
好結果が
得られる
ものです
そうか
そのホール、
ホールで
気持ちを
新たに
……か!!
ナイス
ショット!!
が三振でも気持ちを切りかえて次の打席でヒットを打てばいい。一方、ゴルフは18ホールという長いプレーの合計だから、失敗が許されないと……。

しかし、金谷プロに「1ホール、1ホールを新しい気分で」と言われて、そうか1打席が1ホールと思えば野球もゴルフも同じじゃないか、と思えるようになった。これはベテランのゴルファーには簡単な理屈かもしれないが、ボククラスのゴルファーにはなかなかそうは思えなかった部分だ。

1ホール、1ホールを、もっと細かく言えば、1打1打を気分を入れかえてやれるかどうかで、結果はずいぶん変わってくるらしい。

うまくいっても失敗しても、終わったことはその場ですぐに忘れて、次の1打に集中する。ウーン、なんだかボクもカッコイイことを言うようになったもんだ。

LESSON 21

金谷プロの
ワンポイント
アドバイス

チェックポイント漬けはケガのもと

スイングの動きに入ってから、チェックポイントをあれこれ考えてはいけない。反対に、動きに入る前のチェックポイント（グリップ、スタンス、ボールの位置、アドレスの方向など）を大切にする

スイングの振り方をいろいろと考えるのではなく、練習場でもコースレイアウトなど実戦を想定して、ボールを目標に運ぶことだけを考えながら、番手ごとに1発ずつ、ラウンドと同じように打ち続けていく

右サイドが障害物（OB、池、バンカーなど）というホールを想定して、練習場の左端の打席で練習する

左サイドが障害物というホールを想定して、右端の打席を選ぶ

それぞれの持ち球を極めるのにも、
両サイドの打席を利用した練習は効果的

一般ゴルファーのプレーを見ていると、スコアに挑戦するといったゴルフ本来の目的ではなく、とにかく、「ナイスショットを打つ」ために、技術的なチェックポイントを常に考えながらプレーをしている人が少なくないようです。

しかし、スイングのことばかりを考えていると、もっと大切な情報（レイアウト、風、ボールのライや傾斜、距離）を基にしたスコアメイクのためのマネジメントが疎かになってしまいます。

ですから、もっとスコアメイクに集中するために、まず、自

真ん中の打席で、ターゲットに対してマットや景色すべてがレールのようにスクェアに見える視界を利用して行なう反復スイング練習は、番手ごとに複数連打すると、正しいスイングを身体にしみ込ませるのに効果的

狭い室内練習場

ボールの行方がわからないことを利用して、スイング作りに専念すると良い。ビデオや測定器を使いながら、自分の感覚と実際の動きのギャップを埋めるように努力する

長方形でネットに囲まれた練習場

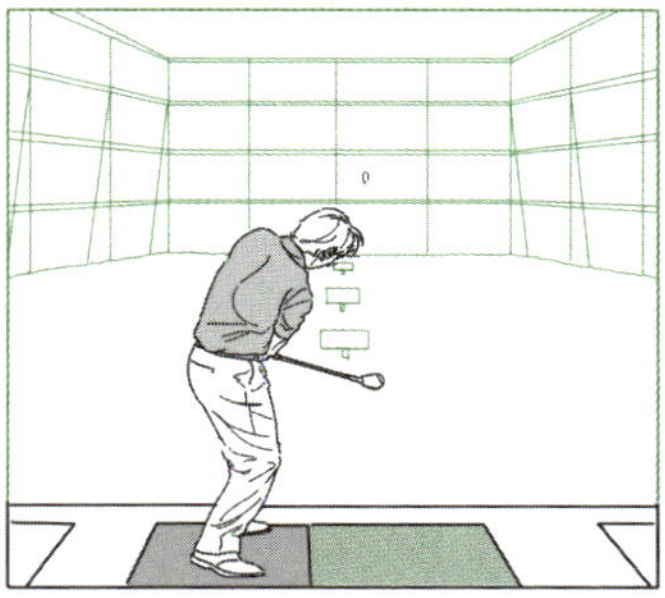

ネットに届くように打つことで、番手ごとの軌道の高さをチェックできる。軌道が番手ごとに安定しているということは、スピンと飛距離も安定しているということ

扇形で落下点が見える広い練習場

実戦（ラウンドシミュレーション）向きの練習場。スイング作りよりもショット作りに向いている。ミスのブレ幅、確率の再確認など、コースマネジメントのための自分の情報を得るには最適

分が出だし3ホール、上がり3ホールのどちらを苦手としているかを見極め、それを克服する意識でプレーをすることをおススメします。

たとえば、出だし3ホールが苦手なタイプは、ラウンド前のウォームアップと練習を念入りにすると同時に、プレーの面でも最初の3ホールは無理せず得意なクラブを多用しながら安全に攻めていきます。

一方、後半の3ホールでいつもたたいてしまう人は、たぶん体力の低下がもたらす集中力の欠如が原因でしょう。身体が疲れてくると頭の働きも悪くなり状況判断が鈍ってきます。

そんなときはこれから行なうプレーを声に出して宣言するなど、「何をするか」をハッキリさせてからプレーをすると好結果が期待できます。

LESSON 22

前日はしっかり眠って、日ごろはゴルフに接する時間を多くとる

90切りは本当に難しい

月1回のゴルフでは、なかなか90の壁は突破できないような気がする。なぜかと言うと、気負いが勝ってしまって、期待がふくらみすぎてしまうからだ。

それと、自分の精神的なスタミナのなさからか、どうしても大たたきしてしまうホールが2、3はある。ボギーペースで進行していても途中で8とか9をたたくと途端に赤信号が出るからキツイ。

だいたい大たたきするときは、そこへ打ってはいけない林とか、直接グリーンを狙えない場所などから無理をすることが多い。1打損をしてトラブルから逃げればいいものだが、できなかった。

これがボクが90を切れないいちばん大きな原因ですかネエ。そ

90を切るには、大たたきをなくすこと

れと残り30～50ヤードのアプローチが下手クソ！

金谷プロに言わせると、ゴルフの経験がそこそこある人なら、頭の使い方次第で誰でも90は切れるらしい。技術の問題ではないそうだ。ウーム、これは意味シン。きっと、無理せず、欲張らず、無謀なことを考えず、確実にプレーしていくことが必要なんだろう。

なんとなく息苦しいけれど、ゴルフというものは、本来はそうした地道なゲーム。自分のホントの実力を知り、それに基づいて自分なりの最善のルートでコースを攻める。それができるかできないかがスコアメイクであり、ゴルフの楽しさなのだ。

このなんとも奥深いゴルフというゲームに、ボクはすっかり魅了されてしまった。進歩は遅いけれど、これからも楽しく、そして真剣にゴルフと付き合っていきたいと思っていマス。

LESSON 22

金谷プロの
ワンポイントアドバイス

自分なりのスコアカードでプロ気分

通常のスコアカードは、ハンディ0の人のためのもの。一般アベレージゴルファーがそのスコアカードを使うと、ボギー、ダブルボギー、トリプル……で気分が良くない。自分のハンディなりのスコアカードを作ることで、自分の調子の良さが体感できる

90を切るためのマイスコアカード

OUTコース

	PAR	Back Tee	Front Tee	HDCP				
1	~~4~~ 5	388	350	14				
2	~~4~~ 5	420	398	4				
3	~~3~~ 4	198	151	10				
4	~~5~~ 6	560	517	12				
5	~~4~~ 5	336	298	18				
6	~~3~~ 4	211	167	6				
7	~~4~~ 5	445	400	2				
8	~~4~~ 5	396	362	8				
9	~~5~~ 6	543	509	16				
TOTAL	~~36~~ 45	3497	3152					

INコース

	PAR	Back Tee	Front Tee	HDCP				
1	~~4~~ 5	419	399	3				
2	~~5~~ 6	531	498	15				
3	~~4~~ 5	358	333	17				
4	~~3~~ 4	190	159	13				
5	~~5~~ 6	570	542	5				
6	~~4~~ 5	395	365	11				
7	~~4~~ 5	402	380	9				
8	~~3~~ 4	226	196	7				
9	~~4~~ 5	444	402	1				
TOTAL	~~36~~ 45	3535	3274					
	~~36~~ 45	3497	3152					
	~~72~~ 90	7032	6426					
	HDCP							
	NET							

90を切るためのマイスコアカードにするには、通常のパーに1ストローク加えた数をパーとして、9ホールパー45というスコアカードを作る

スタートからホールアウトまで、ランチを挟むと約6時間。ゴルフはプレー時間が非常に長いスポーツです。だから、常に集中力を維持し続けるのは至難の業。強靭な精神力を持ったゴルファーでもなかなかうまくいきません。

うまく気持ちを切りかえるためには、自分のハンディなどを目安に全体のプランを想定してプレーすることが大切です。

まず、90切りを狙うのなら、スコアカードをハンディ18に対してのパープレーのカードに書き直します。たとえば、パー3はパー4、パー4はパー5とい

プレー時は、プロツアーでキャリングボードを連れて歩いているような気持ちで、自分のパーに対してアンダーかオーバーかを意識しながらスコアメイクをする

マイスコアカードを作ってプレーするときは、まず季節や天候、コースの難易度などを加味する。3ホールごとに区切って目標スコアを設定し、それを目指してプレーする。過去の結果は考えず、次の3ホールの目標に向かって集中する

プロツアーのように、数字ではなく記号で書き込むと、自分のレベルに対して励みになる。集中力の量は決まっていて、その量に個人差はあまりないとのこと。集中力がある人は、その力の使い方がうまい人。雑音にとらわれず、必要なときだけしっかり集中することが大切なポイント！

ったように。また、スコアの付け方も数字を書き込むのではなく、トーナメントのリーダーボードのように、自分のパーに対してパーなら一、バーディなら○、ボギーなら△と記号を書き込んでいきます。その中で、18ホールを3ホールごとに区切ってプレーし、3ホールの結果が良くても悪くても、新しい3ホールに向かって気持ちを切りかえてプレーしていくのです。

　この方法なら自分の目標に対してアンダーなのかオーバーなのかが的確にわかるし、3ホールごとに「よし、頑張ろう」という気持ちにもなれるので最後まで集中力をキープしやすいのです。

　この方法は特にラウンド回数の少ない人や、初対面のコースでプレーする人におススメです。

プロの消耗品

クラブの中で最も練習量が多く、消耗度が激しいのがサンドウェッジ。

特にプロは軟らかいヘッド素材を好むので、スピンをかけるためのフェース面の溝が摩耗しやすいこともあり、サンドウェッジの予備を常に持っています。

数試合に1本くらいの割合で新しいサンドウェッジにかえるプロも少なくありません。

消耗品といえば、1日のラウンド（試合の場合）で使うボールは1ダース前後。グローブは2、3枚使うことも。

その他、シューズは年間で10足前後を履き回し、キャディバッグも数本使います。

オリジナル仕様

クラブ、シューズ、グローブなど、プロが使っているグッズの多くは、市販品と同じように見えても、ほとんどはオリジナル。

トップ選手になるとウェアもオーダーで、一度着たウェアは二度と着ません。キャップなどもオーダーの場合があります。

ツアーバス

トーナメント会場には、各クラブメーカーから派遣されたツアーバスがやってきます。

ツアーバスとは、クラフトマンが乗った移動工房。車内はまさに工房さながらに改造され、クラブ調整などに必要な道具が完備されています。

道具に関する〝よろず相談所〟として、プロになくてはならない存在であると同時に、新製品のテストの場ともなる情報発信基地でもあります。

キャディ

トーナメントでプロのバッグを担ぐキャディには、プロが専属の人を指定する「帯同キャディ」と、普段は開催コースで働いているキャディを派遣してもらう「ハウスキャディ」があります。

帯同キャディには、キャディ業を職業とする、いわゆるプロキャディが多く、試合単位あるいは期間を決めてプロと契約を結んでいます。

最近のトーナメントでは、キャディの活躍いかんで成績が左右されることも少なくなく、その重要性がクローズアップされています。

テレビではわからない
プロゴルファーの世界

プロは練習ラウンドでコースを熟知している

通常、トーナメント直前の数日間は、コースが出場選手の練習用に開放されます。

プロはそこで練習ラウンドを行ない、各ホールの攻め方をリハーサルしたり、グリーンなどのコース状況をチェックします。

試合中にプロが見ているメモには、練習ラウンドで得た情報が書き込まれており、それを元に番手を選択したり、攻め方を決めているのです。

コースを知っているからこそ、狙いがよりクリアになり、良いショットが打てるのです。

プロの1週間

シーズン中は、全国で毎週のようにトーナメントが開催されています。

男子のレギュラーツアー（4日間トーナメント）の場合、木・金曜日が予選で、それを勝ち抜くと土・日曜日が決勝。翌日、次の会場へ移動し、火曜日は練習ラウンド、水曜日はプロアマ戦（もしくは練習ラウンド）というのが1週間の基本スケジュール。

このように、シーズン中はほとんど休みなし。

全試合出場するタフなプロもいますが、体調管理のために、トーナメントを欠場する週をあらかじめ決めておくのが一般的です。

コースや天候に合わせてクラブをかえる

スペックの違うクラブを使い分けています。

たとえば、ドライバーはコースに応じた球筋が打ちやすいものや、雨の日はキャリーが欲しいのでロフトが大きいものを使います。

ウェッジは芝の種類やグリーンに応じて、洋芝なら出っ歯型、グリーンが速く高さで止めたいときは大きいロフトのものというように。

パターはグリーンの速さに応じて、フェースの素材が違うものを使い分けたりしています。

また、14本のセッティングをコースに合わせてかえるのもプロの常識です。

北見けんいち

（きたみ・けんいち）

漫画家。1940 年生まれ。多摩芸術学園卒業後、赤塚不二夫に師事。青年コミック誌を中心に、等身大の主人公を描き、人気を確立。代表作に、映画でもおなじみの『釣りバカ日誌』などがある。

金谷多一郎

（かなたに・たいちろう）

プロゴルファー。1960 年生まれ。ジュニア時代より数々のタイトルを獲得し、84 年プロ入り。ツアー 1 勝後、97 年にレッスン・オブ・ザ・イヤーを受賞。現在は、テレビ・新聞・雑誌などメディアで活躍するだけでなく、企業講演会やイベントなどの活動も行なっている。また、ゴルフクラブの開発に携わるなど、ギアに対する造詣も深い。

本書は、『ゴルフ 90 が切れるかも』（小社）を加筆・再編集したものです。

ナイスショットはリズムが９割！

2016年5月10日　第1刷発行
2017年2月28日　第2刷発行

［著者］
北見けんいち・金谷多一郎

［発行者］
見城 徹

［発行所］
株式会社 幻冬舎
〒151-0051　東京都渋谷区千駄ヶ谷4-9-7
電話 03(5411)6211(編集)
03(5411)6222(営業)
振替　00120-8-767643

［印刷・製本所］
株式会社　光邦

検印廃止

ISBN978-4-344-02938-5　C0095
幻冬舎ホームページアドレス　http://www.gentosha.co.jp/
この本に関するご意見・ご感想をメールでお寄せいただく場合は、
comment@gentosha.co.jp まで。